The

Minute Life

daily **planner**

prioritize. organize. simplify.

**Andrews McMeel
Publishing, LLC**

Kansas City • Sydney • London

Author, Speaker, CEO of Seven Minutes, Inc.: Allyson Lewis
President of Seven Minutes, Inc.: Susan Naylor
Edited by: Lorna Gentry
Designers: Mark McNabb *(ChrisMarketing.com)*, Grant Hinkson

© 2010 by Seven Minutes, Inc.

Published by Andrews McMeel Publishing, LLC, an Andrews McMeel Universal company
1130 Walnut Street, Kansas City, Missouri 64106
www.andrewsmcmeel.com

Initial Publication by Seven Minutes, Inc.

ISBN-13: 978-0-7407-9823-8   Printed in Korea

For information about ordering any books at special quantity discounts, please contact Susan Naylor at 870.897.0845 or Susan@TheSevenMinuteDifference.com or write to Seven Minutes, Inc., P.O. Box 17284, Jonesboro, AR 72403. You can also find more information by visiting our Web site at www.TheSevenMinuteDifference.com.

My Planner

Minute Life

Information

Name: _____

Address: _____

_____

Phone: _____

eMail: _____

Start Date: _____

 prioritize.  organize. simplify. ®

Preface

When I published **The Seven Minute Difference** in 2006, I received enthusiastic emails, letters, and phone calls from people all around the country whose lives have been touched by my book. During my seminars and workshops, I witnessed over and over again countless Aha! moments when people began to understand not only that they could change, but how quickly they could transform their professional and personal lives through small, systematic, repeatable steps.

I'm living proof that Change Happens in an Instant®. I have worked in the financial services industry since 1982, yet it was in 2003 that my life was profoundly changed in exactly seven minutes. Our team had scheduled an off-site quarterly planning meeting. About mid-morning, I was asked to take fifteen minutes to write out what my purpose in life is. I had no idea what to say. With the timer ticking, my mind wandered aimlessly. Eight valuable minutes had lapsed by the time I regained focus. With just seven minutes left, I picked up my pen and started writing straight from my heart.

"My purpose in life is GROWING," I wrote. "In life I want to grow and change. I want to be different tomorrow than I am today." I realized that I wanted to be a better wife, mother, and spiritual person. I also wanted to grow my skills as a financial advisor so that I could better help my clients grow their assets. "I want each day to be filled with fun and excitement and challenge," I concluded. "And, I want to help others bring about meaningful changes in their own lives, by sharing my discoveries and ideas. My purpose in life is fulfilled by growing and through helping others grow."

I was surprised by how easily and succinctly this came to me. But I was even more surprised by the key words that were evident when I read what I had written: "growing" myself and helping "others grow." This exercise changed my personal life, launched a new career, and laid the foundation for my second book, **The Seven Minute Difference.**

With **The Seven Minute Difference** I have been able to help thousands of people nationwide through my straightforward tenet: The moment you decide you truly want to be different, you can change in an instant.

As I have traveled the country teaching people how to refocus and reinvigorate their lives by taking small steps to big changes, I have grown as well. I have learned how to better teach my 7-minute method, making it more accessible by being more hands-on. *The 7 Minute Life*™ is the culmination of what I have learned. It is a teaching tool designed to be used every day to achieve the change you want. It will help you think differently about everything you do, and it will help you make healthier choices. By using *The 7 Minute Life*™ you will think your way to a happier life, both professionally and personally.

I was riveted by behavioral science writer Winifred Gallagher's latest book, *Rapt: Attention and the Focused Life*. Her insights on leading an intentional and attentive life profoundly affected me. Many of her observations in *Rapt* dovetail with *The 7 Minute Life.*™

Gallagher points out that because your life is the sum of what you focus upon, skillfully managing your attention is the key to happiness and fulfillment. You choose what to pay attention to and what to ignore. We all have a multitude of distractions in our daily lives, but as Gallagher shows, it is attention's essential function to translate the chaotic larger world around us into our own orderly world. Your focus can literally change your brain and your behavior. Taking charge of your attention is the key to personal power and freedom, Gallagher writes. By focusing on the positive or productive elements in situations, you can shape your inner experience and expand your world.

I have discovered that the essence of living a conscious life is to Prioritize, Organize, and Simplify®. By prioritizing your core values, organizing your goals into a plan of action, and simplifying your daily focus, you can accomplish whatever you set your mind to and live the life you want.

The 7 Minute Life™ will help you unlock your purpose, potential, and passion to transform your professional and personal lives. Focusing on activities that capture your attention and excite your soul gives you boundless energy and provides a new sense of meaning and fulfillment. Become intentional about these activities and make them a consistent part of your daily life. Now is the time to proactively determine where your focus will be and how you will live the rest of your life.

Are you ready for a revolution?

Minute Life

Are you ready for a "7 Minute" revolution?

It's time to revolutionize your life by turning talk into action.

You choose how much you will sleep, what you will eat, how much exercise you will get, how much water you will drink, what you will read, and with whom you will spend time. Life is about choices. If you want to be different tomorrow than you are today, then you must choose to be different.

Living *The 7 Minute Life*™ is a choice.

By using this book, you will learn how to behave differently. We've taken proven time management and productivity ideas and molded them into a systematic, repeatable daily process that you can use every day to achieve your goals in your professional and/or personal life. *The 7 Minute Life*™ *Daily Planner* is more than a calendar, much more than a daily planner, it is even more than a business plan.

The 7 Minute Life™ is a way of life.

I was inspired to write my last book *The Seven Minute Difference* after the life-changing experience I had when I wrote in seven minutes time what my life's purpose is. While researching *The Seven Minute Difference* I learned that

studies show the average person's attention span is only seven minutes long. In fact, in his groundbreaking research, Harvard psychologist George Miller found that the human brain is limited to remembering only seven pieces of information at a time. These studies struck a chord with me because I've personally experienced the power of what seven minutes of total concentration can do.

We've all had moments of inspiration and insight, usually in spontaneous, random bursts. But what if you could harness your brain's focusing power and put it to work in a repeatable system that would keep you inspired and energized? *The 7 Minute Life*™ *Daily Planner* does that. Our research shows that most people want to simplify their lives by eliminating the prevalent chaos that prevents them from being effective and happy. *The 7 Minute Life*™ *Daily Planner* will give you the necessary tools to define your priorities, organize your activities, and help you simplify your life down to one question:

Did I do what I said I would do today?

Most people intuitively know what they want to accomplish. They even know what they should do. *The 7 Minute Life*™ *Daily Planner* helps articulate self-knowledge and translate it into small, attainable daily activities. Part of what draws people to the 7-minute system is celebrating the tiny "wins" of actually reaching their daily goals. Daily, small achievements are good for you.

The 7 Minute Life™ *Daily Planner* will enable you to:

O   *Define your values*
O   *Discover your purpose*
O   *Set written goals*
O   *Monitor your physical health*
O   *Get rid of clutter in your life*
O   *Have a daily written plan of action*
O   *Track your progress*

How is this productivity tool different?

In order to be productive, it's important to keep your notes, goals, schedule, everything in one place—your *7 Minute Life™ Daily Planner*. The reason for this is simple. If your goals are written down in one location and your daily accomplishments and action plans are written down in another, you run the risk of feeling scattered and becoming disorganized—chief ingredients of chaos. You don't want to have to hunt to reread your goals; they should be at your fingertips at all times.

Many businesses revolve around ninety-day quarters, and for good reason. Ninety days is a long enough period of time to see if a plan is working and goals are being met. It's also a short enough period of time to maintain motivation. Therefore, **The 7 Minute Life™ Daily Planner** is broken down into ninety-day segments. Every ninety days you will begin a new book and file the completed one for future reference.

Each ninety-day period starts with a "Focus Time." Whether you are doing **The 7 Minute Life™ Daily Planner** as part of a work team or on your own, you may want to schedule your "Focus Time" to be held in a different location from your daily environment. Removing yourself from the distractions of your day-to-day life enables you to better see the big picture.

You will spend your "Focus Time" creating and defining your goals and strategizing how best to accomplish them. Having clear goals is paramount to being successful. Therefore, it's crucial to the success of changing your life that you spend ample quality time on the front end of this process.

The 7 Minute Life™ Daily Planner is designed to help you become more deliberate about the life you lead. As we stated in the preface, the essence of living an attentive life is to Prioritize, Organize, and Simplify®. By prioritizing your core values, creating

a written purpose statement, and establishing your ninety-day goals, you can accomplish whatever you set your mind to and live the life you want.

prioritize.

Ask yourself: Is my life authentically aligned with my priorities?

7 Minute Life Idea #1:

Prioritize Your Top 10 Values

The only true way to prioritize what is most important to you is to rank what you value in a numerical list. So, the first step in **The 7 Minute Life™ Daily Planner** starts on page 17, where seventy-five values are listed. Scan the list and circle or check the ones that speak to you. Some will stand out more than others. Then, at the bottom of the page, prioritize your top ten personal values by ranking them. Once you have ranked your personal values, stop and reflect on how you spend your time and money. Are your daily choices lining up with what you really believe to be the most important in your life?

Your time and your energy are both finite resources. Therefore, you must consider carefully which daily activities and emotions you choose to spend your limited amount of attention on. You may be surprised to learn that you are squeezing out those things most important to you, while lavishing huge amounts of attention on unimportant things in your life. This is why we must redefine our priorities.

7 Minute Life Idea #2:

Discovering Your Purpose

As I discussed in the preface, I was a 43-year-old successful financial advisor and a happily married mother. Yet it wasn't until 2003 when I defined my purpose that my life was profoundly changed in exactly seven minutes. I had no idea until I completed this thought-provoking exercise what my true purpose in life was. In order to be successful, both personally and professionally, you must be able to clearly and articulately define your goals. But before you can do that, you must understand what your purpose in life is. Your purpose in life is defined by how you use your individual gifts and talents, not only to make a living, but also to make a difference in the world.

Goals clarify how you use your purpose. Your priorities are the order in which you accomplish your goals. While the three concepts cannot be separated, they should be looked at independently.

Discovering or rediscovering your purpose should be a top priority. This exercise will challenge you to examine your life, review your prioritized list of what you value most in life, and then work toward creating a written statement about what you believe your purpose in life is. Turn to page 18 and find the words

My purpose in life is . . .

written on the top of the page. Take a few minutes to reflect on the top 10 values that you have already identified. On the right side of this page you will see a place to write down seven things that you love about life. This list may include foundational items, like your faith, your family, and your work. It may also include many of the simpler aspects of life that you love, such as spending time with your kids, reading, hiking, gardening, golfing, coaching Little League, traveling, or volunteering. Because love is the foundation of purpose, having a list of what you love in front of you while you contemplate your purpose is very important.

When I took this exercise, my purpose unfolded in seven minutes, but that may not be true for you. It may take longer. During your "Focus Time" spend as much time as you need to articulate why you have been put on this earth. Each person has been given unique gifts and talents. I believe you will discover an overwhelming sense of meaning and fulfillment as you realize how you can serve the world around you. Remember to begin this exercise by looking at the right-hand list of the things in life you love most. I believe there are three basic tenets to discovering your purpose:

1) *Purpose is what you do for others.*
2) *Purpose is how you use your gifts and talent to change the world.*
3) *Love is the foundation of purpose.*

Allyson's Purpose Statement

My purpose in life is GROWING. In life, I want to grow and change. I want to be different tomorrow than I am today. I want to grow as a wife—to be more in love with my husband, to hold hands more often, to enjoy long talks late into the night, and to share our hopes and dreams. I want to grow as a mother—to watch my children mature into their own destinies. I want to grow as a spiritual person—to become kinder, wiser, more hopeful, and more understanding. I want to grow my skills as a financial advisor and help my clients grow their assets. I want to work at my job with joy and honesty and integrity. I want each day to be filled with fun and excitement and challenge. And, I want to help others bring about meaningful changes in their own lives by sharing my discoveries and ideas. My purpose in life is fulfilled by growing and through helping others grow.

Write as fast as you can to try to discover what is most important to you. I've seen this simple exercise be a life-changing moment for many, many people, as it was for me. By outlining a clear, solid description of your purpose in life, you begin the process of fundamentally changing your attitude and approach to life—both at home and at work.

Once you have finished writing, go back and read the powerful words you have written. Circle the words that stand out. In the preface I wrote that my purpose words are "growing" and "helping other people grow." As you read what you have written, you will see repeating themes and ideas. These will likely be your PURPOSE words, which you will list on the right side of the second page of your "Purpose Exercise." To complete this exercise, answer the question at the bottom of page:

"At the age of 85, I will know I have fulfilled my purpose when . . ."

Establish Your 90-Day Goals

Your purpose tells you what you want to do with your life and how you want to use your gifts and talents. Your goals help you define your objectives and clarify the steps you need to take to accomplish your purpose. When you have clarified your goals in life, you will be one step closer to fulfilling your purpose. Goals can be personal or professional, tiny or grand,

achieved tomorrow or within 90 days. They may even be aimed at leaving a legacy beyond your lifetime.

In Brian Tracy's book *Goals—How to Get Everything You Want Faster Than You Ever Thought Possible,* he encourages readers to do three things:

1 **Write down your goals.** It's not enough just to have a vague idea of what you want to achieve. You need to develop specific goals and write them down.

2 **Make plans to achieve your goals.** For every written goal you need to determine three or four specific actions that will help you reach that goal.

3 **Work on those plans everyday.** Most goals cannot be achieved by sporadic and occasional effort, but require daily attention and action.

In this next exercise you will focus on personal, work, financial, and life goals. Acknowledging your goals is vital to understanding your purpose, but it's only the first step toward achieving them.

It's important to write your goals in the PRESENT TENSE, as though they have already happened. Follow each goal with five action steps that will allow you to reach the goal within the next ninety days. These ninety-day goal sheets are the culmination of your "Focus Time" work. This exercise forces you

to clarify your top goals for your personal and work lives, as well as your financial and long-term overall life goals. Select a timeline for each goal so that you can prioritize the necessary action steps. Of course, some goals may require more action steps to accomplish than others. List as many steps as are needed.

Put the Brain to Work

Start and finish every day reviewing your goal worksheets. As you focus your attention on the goals you want to accomplish, your brain will put itself to work consciously and subconsciously to reach those goals. You will find yourself waking up with new ideas for how to solve a problem. Or you will be driving down the street when a burst of inspiration hits you so hard that you are forced to pull over to write down your ideas.

Did you do it?

Once you have clearly determined what you want to accomplish in the next ninety days, you must take action every day. It only takes small steps to reach your future goals. When you choose to do what you say you will do, your success in life boils down to a series of simple "yes" or "no" questions.

The 7 Minute Life™ is a choice. It is a choice you make every day. It all begins with your "Focus Time." These first three 7 Minute Life Ideas are intended to help you prioritize your:

    O   *Values*

    O .   *Purpose*

    O   *90-Day Goals*

then you will be ready to begin to organize these ideas into daily action.

organize. ○ ○ ○ ○
○ ○ ○ ○

The 7 Minute Life™ Daily Planner is filled with many time management and productivity tools designed to help you organize your life and make more efficient use of your time. Many of these ideas revolve around the concept of "7 Minute" micro-actions. Micro-actions are tiny changes and activities that anyone can choose to implement in their daily lives. Often the biggest, most meaningful differences in our lives are really just a series of small, seemingly insignificant changes.

Unfinished Tasks

As with any to-do list, it is important to actually DO what you've set out to accomplish. However, for a variety of reasons some tasks just don't get done. In David Allen's book, *Getting Things Done: The Art of Stress-Free Productivity,* he calls unfinished tasks "open loops." As the name suggests, these open loops circle continually in your subconscious mind, popping up periodically in your consciousness. As soon as you remember that you have not completed a task, your brain focuses on it and prompts you to do it—immediately. You might be able to successfully bat it away like a pest from your consciousness, but it will fester and send out distress signals in your subconscious, making you miserable. The cycle continues until the job is done.

Now, consider this: On any given workday you may have anywhere from thirty to fifty unfinished tasks. Regardless of the size or scope of the tasks to be completed, they are stressing you. These incomplete loops perpetually interrupt concentration, pull focus, and induce anxiety. That's why it so important to put unfinished tasks onto a master to-do list. By placing them in a single, safe place you stop the open loop process and put your mind at ease. It is tantamount to your conscious mind reassuring your subconscious that it need not worry; the task will be done in a timely manner.

On page 23 there is an "Unfinished Tasks Checklist" with space for up to 120 unfinished work projects and sixty unfinished tasks at home.

As you work toward starting and completing all the items on your list, make sure you keep track of everything you accomplish by marking off with a checkmark each item one at a time. The simple power of the checkmark is in itself a mysterious motivating power. In a sense these lists create a written contract you make with yourself. By creating these lists, you are making an emotional commitment to complete these daily activities. As straightforward as it may seem, there is an incredible power of emotional accomplishment each time a task is finished completely and marked off your list.

The Power of the Checkmark ✓

Mental Clutter

Mental clutter is defined as anything that takes up your finite time and emotional attention. Mental clutter can easily divert you from the path of success.

There are four primary causes of mental clutter. They are avoidance, procrastination, distraction, and indecision. Further, the emotional price you pay is significant. If you choose to allow these issues to persist, you will experience stress, distraction, worry, and fatigue.

What can you really do to battle these problems? The first step is awareness. Once you are willing to admit that you have allowed mental clutter to be a part of your life, you can choose to use your brain to overcome it. Use this page to list any issues in your life and the actions you think can help you overcome them.

Home Repair

This micro-action is self explanatory. If it is broken, make a phone call and get it fixed. Your home is one of the places you should find comfort and peace.

Life Connections

Life is a people business. Your list of "7 Minute Life Connections" is a reminder that you need to keep in touch with people. Regardless of what business you are in, if you plan to grow your business, there are people with whom you want to stay connected. Your "7 Minute Life Connection" list could include prospective customers, mentors, colleagues and friends. These people make up your network of influence. Always look to widen the circle of people with whom you are connected.

Annual Projects and Tasks

Whenever possible work to create repeatable processes and systems. Take seven minutes to design an Annual Projects and Tasks calendar that lists all of your annual events, all national holidays, your major marketing campaigns, the conferences you will attend, and any time you have already scheduled for vacation.

Your 12-Month Calendar

The 7 Minute Life™ Daily Planner is a ninety-day process, but the world still revolves in twelve-month segments of time. We have included a one-month-per-page calendar. Most people in today's world rely on some type of electronic calendar system, however these pages can help you organize multiple project timelines, and sometimes it is helpful to be able to view your entire year with a quick glance.

The Meeting Planner

These pages are designed to help you make your meetings more productive and more efficient. A tremendous amount of daily work time is spent in staff meetings. Choose to create an agenda for the meetings you are in charge of planning. Take the time to outline the concept or reason for the meeting, what the desired outcome of the meeting is, and who really needs to be involved.

During the meeting you will often create action steps that you can list on the bottom of the page.

Notes Pages

After the Daily Progress Reports you will find several pages of blank paper to capture any notes you may need.

The Annual Exercise Progress Report

The 7 Minute Life™ Daily Planner revolves around the concept of Prioritize, Organize, and Simplify®. Most of us intuitively know that we must choose to make a commitment to our health in order to feel less stress and more productive. On page 157, there is an Annual Exercise Progress Report that will help track your progress.

For additional micro-actions, time saving ideas, and resources, visit us online at:

http://www.thesevenminutedifference.com/resources/

The Seven Minute Difference™ | C...

---

daily progress report

S M T W Th F S

date

Daily Contacts

1.
2.
3.
4.
5.
6.
7.
8.
9.
10.
11.
12.
13.
14.
15.
16.
17.
18.
19.
20.
21.
22.
23.
24.
25.

What I will do... 5 before 11™

1.
2.
3.
4.
5.

"7 Minute Life" Connections

1.
2.
3.

Unfinished Tasks

1.
2.
3.
4.
5.
6.
7.
8.
9.
10.

What I Spent

item	amount
1.	
2.	
3.	

water:

sleep   exercise   reflection   reading

Did I do what I said I would do today?

The Daily Progress Report

Inside *The 7 Minute Life™ Daily Planner*, you will find Daily Progress Report pages—two pages for each of the ninety days. This proactive Daily Progress Report takes your personal values, purpose, your niniety-day goals, and your unfinished tasks and translates them into DAILY ACTIVITIES and ACTION STEPS.

Time management is a skill you can learn that enables you to efficiently use the minutes in your day to focus on achieving high-value priorities. Remember: Life is a series of choices. You can choose to live with order, productivity, effectiveness, excitement, and less stress. All of this begins with learning how to structure your daily activities by deciding what is most important for you to accomplish each day.

Your Daily Top Priority "To-Do" List

Your **5 before 11**™ micro-action list is one of the planning activities you will do on a daily basis.

Just before you leave the office for the afternoon, turn to tomorrow's Daily Progress Report and make a prioritized list of the five highest-value activities that you are willing to commit to completing before 11:00 the next morning. Your life will be radically different if you start every day knowing what five specific action steps you must take that morning in order to get closer to reaching your goals. This process makes every day count.

What I will do... *5 before 11*™

1. _____
2. _____
3. _____
4. _____
5. _____

Imagine walking into a clean and uncluttered office and placing only one object on your desk. That thing is **The 7 Minute Life™ Daily Planner** opened to today's date with your five highest-priority tasks listed. Your job is to simply complete these five tasks before 11:00. This means beginning and COMPLETELY finishing each one.

This single concept will keep you from living in a constant state of reaction by giving you a proactive, daily written plan. At the end of each day you will look at your **5 before 11**™ list and answer with a "yes" or "no" if you accomplished each one. It's that simple.

During the week your **5 before 11**™ list is likely to be geared toward helping you achieve your work goals. On the weekend you may focus on social or civic obligations and household duties.

Workweek *5 before 11*™ examples:

- O *Create meeting agenda for new conference*
- O *Contact Heather regarding new account documentation*
- O *Schedule meeting to introduce new product*
- O *Send contract to attorney*
- O *Meet with Susan regarding proposal deadline*

Weekend *5 before 11*™ examples:

- O *Complete cardio workout*
- O *Clean out kitchen drawer*
- O *Write thank-you letter to Ann*
- O *Pay bills*
- O *Return book to library*

The first step in changing your life is choosing to change. When you do, you will find yourself on a new path to a better life. But after taking that giant leap to a new path, you must then take small steps in order to successfully meet your goals. As you know, we call these small steps micro-actions. The power of this one tool cannot be overstated. Because businessmen and women live in a constant state of reaction, there is little time to proactively determine which daily activities are advancing your goals. Micro-actions are a tool that turns your ninety-day goals into daily activities.

The 7 Minute Life™ is about taking small steps toward your goals every day. It is the EVERY DAY part that proves to be most difficult. The **5 before 11**™ schedule enables you to commit to small, daily activities that will propel you toward success. The small "wins" keep you motivated.

"7 Minute Life" Connections

In this segment of the Daily Progress Report, you will list three people you would like to connect with today. This might be a prospective customer, someone you could network with, or even a friend. Go back to your complete list of "7 Minute Life" Connections and transfer three names.

"7 Minute Life" Connections

1. _____
2. _____
3. _____

Make Daily Contacts

It's often said that, "Successful people are simply willing to do what unsuccessful people are not."

Business is about contact—daily contact. If you are a corporate leader, you must be in contact with your managers, vendors,

Daily Contacts	
1.	_____
2.	_____
3.	_____
4.	_____
5.	_____
6.	_____
7.	_____
8.	_____

and, most important, your customers every day. If you are in sales, your success depends on the number of people to whom you present your product and how well you deliver customer service.

Tracking your Daily Contacts

The 7 Minute Life™ Daily Planner is designed to help you track the people you contact and speak with everyday. On the left side of the Daily Contact section you will see a series of dashes. These dashes allow you to track how many people you attempt to contact. You have no control over the number of people you actually contact, but you do have control over how many people with whom you try to get in touch.

The 7 Minute Life™ Daily Planner offers you a point system to help account for the amount of time different activities take by assigning them values.

- O *1 point for an attempted outgoing call*
- O *1 point for an incoming call*
- O *5 points for a face-to-face appointment or meeting*
- O *5 points for a telephone appointment*
- O *5 points for attending a networking event*
- O *25 points for a seminar*

If you agree that business is about contact, then daily contact with your clients, prospects, vendors, and coworkers is key to your success.

Only you can decide what the correct number of Daily Contacts is for you and for your team. For some, the number of contacts may be five, while for others, it might be ten, for people in sales, the number might be twenty-five. The number is not as critical as committing to a daily plan of action to consistently reach whatever number you choose. Set your goal at earning a

> "Common wisdom in the business community says that although many executives can move a project to 98 percent of completion, only a few actually finish the last 2 percent successfully. I see this "2 Percent Rule" at work all the time; people achieve true success and growth in their business or personal life, only to stop short of fully accomplishing their goals. They do well, but they never quite live up to their full potential; they just cannot seem to push past the "one-yard line" that separates them from peak performance."
>
> *The Seven Minute Difference*, pg. 156

specific number of contact points per day. If you finish the day with a number of points less than what you have established, you did not achieve your personal goal that day.

Page 2 of the Daily Progress Report

Page 2 of the Daily Progress Report is divided into four sections with space to track your appointments and/or how you actually spent your day. There is also a place to track the thank-you notes you write. Thank-you notes should be handwritten and mailed. Make it a choice to take just five or ten minutes every day to let people know that you appreciate their skills, efforts, and abilities. This may seem like a small thing, but it has huge benefits.

On page 2 of the Daily Progress Report, there is also room to list all of your voicemail messages and a large area for you to take any notes from the day. Remember that one of the keys to increasing your organizational skills is to have one safe place to keep all of your daily information.

simplify.

Is it really possible to simplify your life down to one question?

Did I do what I said I would do today?

Yes   No

Yes. Not only is it possible, but also it's necessary in order to meet your goals. Once you have clearly defined your priorities, articulated your purpose in life, and established written goals and action steps to fulfill your purpose, then the only thing left for you to do is do it!

The 7 Minute Life™ Daily Planner is a proactive planner that empowers you to say what you want to do and do what you say you'll do. When you set a goal you are creating an emotional commitment between yourself and that goal. It is the tiny "wins"—the small daily accomplishments—that encourage you to continue making the right choices, like choosing how much sleep you will get, what you will eat, how much water you will drink, and finishing your *5 before 11.™* It really is as simple as doing what you say you will do. This is simplicity. And simplicity brings an incredible sense of joy.

prioritize.　organize.　simplify.®

The 7 Minute Life™ Daily Planner is a productivity and time management tool designed to help you "Prioritize, Organize, and Simplify®" your life at work and at home.

prioritize.

Now is the time to choose how you will live your life. Now is the time to slow down long enough to prioritize your values, establish new goals, and create a systematic plan to become the person you want to be. Every day you make tiny choices about how you spend the minutes of your day. You choose with whom you will spend time, what you will read, what you'll learn, and what you will eat. If you choose to focus on the positive opportunities in life, you can build the life skills necessary to reach new heights in your own personal growth.

organize.

Once you have prioritized your values, you need to organize your goals into a daily plan of action. *The 7 Minute Life™ Daily Planner* is a systematic, repeatable process to take your ninety-day goals and translate them into daily action steps. Your *5 before 11™* list will become one of the primary keys to your success. Chaos, distraction, indecision, and procrastination are enemies of success. Organization allows you to focus on what is truly important to you.

simplify.

Simplicity is one of the highest forms of thought. Albert Einstein famously said, "Things should be made as simple as possible, but no simpler." Clutter and disorganization complicate our lives. Use this opportunity as an inspiration to simplify all areas of your life. When you prioritize what is most important to you, you can simply decide to live a life that is in authentic alignment with those values and goals. *The 7 Minute Life™* is about doing what you say you will do.

As you simplify your life, you will:

O　*Rediscover your purpose*
O　*Reignite the passion for your daily work*
O　*Reclaim the minutes of your day*

The 7 Minute Life™ Daily Planner you hold in your hand is a tool. But the real power of *The 7 Minute Life™* comes from within your heart. Do what you love, love what you do, and do it well. Simplicity crystallizes in one question:

Did I do what I said I would do today?

Prioritize

Minute Life

Rank ✓

- ○ Love
- ○ Friendships
- ○ Achievement
- ○ Excitement
- ○ Arts
- ○ Community
- ○ Happiness
- ○ Security
- ○ Meaningful work
- ○ Helping
- ○ Choice
- ○ Freedom
- ○ Intimacy
- ○ Success
- ○ Adventure
- ○ Independence
- ○ Power
- ○ Learning
- ○ Fun
- ○ Passion
- ○ Comfort
- ○ Trust
- ○ Order
- ○ Reach full potential
- ○ Wisdom

Rank ✓

- ○ Faith
- ○ Change
- ○ Philanthropy
- ○ Authenticity
- ○ Balance
- ○ Laughter
- ○ Influencing others
- ○ Compassion
- ○ Money
- ○ Nature
- ○ Sharing
- ○ Competence
- ○ Joy
- ○ Efficiency
- ○ Growing
- ○ Adventure
- ○ Peace
- ○ Integrity
- ○ Creativity
- ○ Belonging
- ○ Advancement
- ○ Relationships
- ○ Intellect
- ○ Excellence
- ○ Tradition

Rank ✓

- ○ Family
- ○ Serving others
- ○ Leading
- ○ Solitude
- ○ Time
- ○ Honesty
- ○ Knowledge
- ○ Recognition
- ○ Contributing
- ○ Inspire
- ○ Pleasure
- ○ Health
- ○ Self-respect
- ○ Teaching
- ○ Stability
- ○ Expertise
- ○ Travel
- ○ Connecting
- ○ Recreation / Play
- ○ Making a difference
- ○ Competition
- ○ Financial security
- ○ Decisiveness
- ○ Taking risk
- ○ Leaving a legacy

Prioritize

We all value different things, and our values influence our actions, our attitudes, and the choices we make in life. Please check and rank your top ten personal values. List what is most important to you below.

1. _____
2. _____
3. _____
4. _____
5. _____

6. _____
7. _____
8. _____
9. _____
10. _____

Discovering Your Purpose

My purpose in life is.....

_____

_____

_____

_____

_____

_____

_____

_____

_____

_____

_____

_____

_____

_____

_____

_____

_____

_____

_____

_____

_____

_____

_____

_____

What I Love

1. _____

2. _____

3. _____

4. _____

5. _____

6. _____

7. _____

Purpose Words

1. _____

2. _____

3. _____

4. _____

5. _____

6. _____

7. _____

At the age of 85, I will know I have fulfilled my purpose when: _____

_____

_____

_____

_____

Signed _____ Dated _____

90 Day Personal Goals

Date: _____

Goals   ## Completed By

1. _____   _____
   Action: _____
   Action: _____   What was the outcome?
   Action: _____
   Action: _____
   Action: _____

2. _____   _____
   Action: _____
   Action: _____   What was the outcome?
   Action: _____
   Action: _____
   Action: _____

3. _____   _____
   Action: _____
   Action: _____   What was the outcome?
   Action: _____
   Action: _____
   Action: _____

4. _____   _____
   Action: _____
   Action: _____   What was the outcome?
   Action: _____
   Action: _____
   Action: _____

5. _____   _____
   Action: _____
   Action: _____   What was the outcome?
   Action: _____
   Action: _____
   Action: _____

6. _____   _____
   Action: _____
   Action: _____   What was the outcome?
   Action: _____
   Action: _____
   Action: _____

7. _____   _____
   Action: _____
   Action: _____   What was the outcome?
   Action: _____
   Action: _____
   Action: _____

90 Day Work Goals

Minute Life   Date: _____

Goals		Completed By

1. _____ _____
   - Action: _____
   - Action: _____   What was the outcome?
   - Action: _____
   - Action: _____
   - Action: _____

2. _____ _____
   - Action: _____
   - Action: _____   What was the outcome?
   - Action: _____
   - Action: _____
   - Action: _____

3. _____ _____
   - Action: _____
   - Action: _____   What was the outcome?
   - Action: _____
   - Action: _____
   - Action: _____

4. _____ _____
   - Action: _____
   - Action: _____   What was the outcome?
   - Action: _____
   - Action: _____
   - Action: _____

5. _____ _____
   - Action: _____
   - Action: _____   What was the outcome?
   - Action: _____
   - Action: _____
   - Action: _____

6. _____ _____
   - Action: _____
   - Action: _____   What was the outcome?
   - Action: _____
   - Action: _____
   - Action: _____

7. _____ _____
   - Action: _____
   - Action: _____   What was the outcome?
   - Action: _____
   - Action: _____
   - Action: _____

To learn about how you can be more productive with "The 7 Minute Life"™ call 870.897.0845 or visit www.TheSevenMinuteDifference.com   © 2010 Seven Minutes, Inc.

Financial Goals

Date: _____

Goals	Completed By

1. _____   _____
   Action: _____
   Action: _____ | What was the outcome?
   Action: _____ |
   Action: _____ |
   Action: _____ |

2. _____   _____
   Action: _____
   Action: _____ | What was the outcome?
   Action: _____ |
   Action: _____ |
   Action: _____ |

3. _____   _____
   Action: _____
   Action: _____ | What was the outcome?
   Action: _____ |
   Action: _____ |
   Action: _____ |

4. _____   _____
   Action: _____
   Action: _____ | What was the outcome?
   Action: _____ |
   Action: _____ |
   Action: _____ |

5. _____   _____
   Action: _____
   Action: _____ | What was the outcome?
   Action: _____ |
   Action: _____ |
   Action: _____ |

6. _____   _____
   Action: _____
   Action: _____ | What was the outcome?
   Action: _____ |
   Action: _____ |
   Action: _____ |

7. _____   _____
   Action: _____
   Action: _____ | What was the outcome?
   Action: _____ |
   Action: _____ |
   Action: _____ |

Life Goals

Minute Life Date: _____

Goals   ## Completed By

1. _____ _____

   Action: _____
   Action: _____   What was the outcome?
   Action: _____
   Action: _____
   Action: _____

2. _____ _____

   Action: _____
   Action: _____   What was the outcome?
   Action: _____
   Action: _____
   Action: _____

3. _____ _____

   Action: _____
   Action: _____   What was the outcome?
   Action: _____
   Action: _____
   Action: _____

4. _____ _____

   Action: _____
   Action: _____   What was the outcome?
   Action: _____
   Action: _____
   Action: _____

5. _____ _____

   Action: _____
   Action: _____   What was the outcome?
   Action: _____
   Action: _____
   Action: _____

6. _____ _____

   Action: _____
   Action: _____   What was the outcome?
   Action: _____
   Action: _____
   Action: _____

7. _____ _____

   Action: _____
   Action: _____   What was the outcome?
   Action: _____
   Action: _____
   Action: _____

 To learn about how you can be more productive with "The 7 Minute Life"™ call 870.897.0845 or visit www.TheSevenMinuteDifference.com

Unfinished Work Tasks

Task		Action
1.	_____	_____
2.	_____	_____
3.	_____	_____
4.	_____	_____
5.	_____	_____
6.	_____	_____
7.	_____	_____
8.	_____	_____
9.	_____	_____
10.	_____	_____
11.	_____	_____
12.	_____	_____
13.	_____	_____
14.	_____	_____
15.	_____	_____
16.	_____	_____
17.	_____	_____
18.	_____	_____
19.	_____	_____
20.	_____	_____
21.	_____	_____
22.	_____	_____
23.	_____	_____
24.	_____	_____
25.	_____	_____
26.	_____	_____
27.	_____	_____
28.	_____	_____
29.	_____	_____
30.	_____	_____

Unfinished Work Tasks

Unfinished tasks cause stress
and chaos in your life

Minute Life

Task	Action
1.	
2.	
3.	
4.	
5.	
6.	
7.	
8.	
9.	
10.	
11.	
12.	
13.	
14.	
15.	
16.	
17.	
18.	
19.	
20.	
21.	
22.	
23.	
24.	
25.	
26.	
27.	
28.	
29.	
30.	

 To learn about how you can be more productive with "The 7 Minute Life"™ call 870.897.0845 or visit www.TheSevenMinuteDifference.com   © 2010 Seven Minutes, Inc.

Unfinished Work Tasks

Unfinished tasks cause stress
and chaos in your life

Minute Life

Task	Action
1.	
2.	
3.	
4.	
5.	
6.	
7.	
8.	
9.	
10.	
11.	
12.	
13.	
14.	
15.	
16.	
17.	
18.	
19.	
20.	
21.	
22.	
23.	
24.	
25.	
26.	
27.	
28.	
29.	
30.	

Unfinished Work Tasks

Minute Life

Task	Action
1.	
2.	
3.	
4.	
5.	
6.	
7.	
8.	
9.	
10.	
11.	
12.	
13.	
14.	
15.	
16.	
17.	
18.	
19.	
20.	
21.	
22.	
23.	
24.	
25.	
26.	
27.	
28.	
29.	
30.	

Unfinished Home Tasks

Task	Action
1.	
2.	
3.	
4.	
5.	
6.	
7.	
8.	
9.	
10.	
11.	
12.	
13.	
14.	
15.	
16.	
17.	
18.	
19.	
20.	
21.	
22.	
23.	
24.	
25.	
26.	
27.	
28.	
29.	
30.	

Unfinished Home Tasks

Unfinished tasks cause stress
and chaos in your life

Minute Life

Task		Action
1.		
2.		
3.		
4.		
5.		
6.		
7.		
8.		
9.		
10.		
11.		
12.		
13.		
14.		
15.		
16.		
17.		
18.		
19.		
20.		
21.		
22.		
23.		
24.		
25.		
26.		
27.		
28.		
29.		
30.		

To learn about how you can be more productive with "The 7 Minute Life"™ call 870.897.0845 or visit www.TheSevenMinuteDifference.com

Mental Clutter

home & work

Avoidance. Procrastination. Distraction. Indecision.
What is causing clutter and stress in my life?

Minute Life

Task	Action
1.	
2.	
3.	
4.	
5.	
6.	
7.	
8.	
9.	
10.	
11.	
12.	
13.	
14.	
15.	
16.	
17.	
18.	
19.	
20.	
21.	
22.	
23.	
24.	
25.	
26.	
27.	
28.	
29.	
30.	

©2010 Seven Minutes, Inc.

29

Home Repair

Minute Life

Repair	Contact	Phone
1.		
2.		
3.		
4.		
5.		
6.		
7.		
8.		
9.		
10.		
11.		
12.		
13.		
14.		
15.		
16.		
17.		
18.		
19.		
20.		
21.		
22.		
23.		
24.		
25.		
26.		
27.		
28.		
29.		
30.		

 To learn about how you can be more productive with "The 7 Minute Life"™ call 870.897.0845 or visit www.TheSevenMinuteDifference.com

Connections

Friends . Network . Prospects.
Who do you know that you need to stay in touch with?

Minute Life

Connection	Phone	Comments	Date Contacted
1.			
2.			
3.			
4.			
5.			
6.			
7.			
8.			
9.			
10.			
11.			
12.			
13.			
14.			
15.			
16.			
17.			
18.			
19.			
20.			
21.			
22.			
23.			
24.			
25.			
26.			
27.			
28.			
29.			
30.			

Connections

personal

Friends . Network . Prospects.
Who do you know that you need to stay in touch with?

Minute Life

Connection	Phone	Comments	Date Contacted
1.			
2.			
3.			
4.			
5.			
6.			
7.			
8.			
9.			
10.			
11.			
12.			
13.			
14.			
15.			
16.			
17.			
18.			
19.			
20.			
21.			
22.			
23.			
24.			
25.			
26.			
27.			
28.			
29.			
30.			

 To learn about how you can be more productive with "The 7 Minute Life"™ call 870.897.0845 or visit www.TheSevenMinuteDifference.com   © 2010 Seven Minutes, Inc.

Annual projects & tasks

Plan ahead for all repeatable events

Minute Life

January
1. _____
2. _____
3. _____
4. _____
5. _____
6. _____

February
1. _____
2. _____
3. _____
4. _____
5. _____
6. _____

March
1. _____
2. _____
3. _____
4. _____
5. _____
6. _____

April
1. _____
2. _____
3. _____
4. _____
5. _____
6. _____

May
1. _____
2. _____
3. _____
4. _____
5. _____
6. _____

June
1. _____
2. _____
3. _____
4. _____
5. _____
6. _____

July
1. _____
2. _____
3. _____

August
1. _____
2. _____
3. _____

September
1. _____
2. _____
3. _____

October
1. _____
2. _____
3. _____

November
1. _____
2. _____
3. _____

December
1. _____
2. _____
3. _____

Minute Life

Month_____

S	M	T	W	Th	F	S

Month_____

S	M	T	W	Th	F	S

Minute Life

Month_____

S	M	T	W	Th	F	S

Month_____

Minute Life

S	M	T	W	Th	F	S

Minute Life

Month_____

S　　M　　T　　W　　Th　　F　　S

Month_____

Minute Life

S	M	T	W	Th	F	S

Minute Life

Month_____

S	M	T	W	Th	F	S

 To learn about how you can be more productive with "The 7 Minute Life"™ call 870.897.0845 or visit www.TheSevenMinuteDifference.com

Month_____

Minute Life

S	M	T	W	Th	F	S

Minute Life

Month_____

S	M	T	W	Th	F	S

 To learn about how you can be more productive with "The 7 Minute Life"™ call 870.897.0845 or visit www.TheSevenMinuteDifference.com

Month_____

Minute Life

S	M	T	W	Th	F	S

Minute Life

Month_____

S	M	T	W	Th	F	S

 To learn about how you can be more productive with "The 7 Minute Life"™ call 870.897.0845 or visit www.TheSevenMinuteDifference.com

Month_____

Minute Life

S	M	T	W	Th	F	S

Meeting Planner

Concept/Description

_____

_____

_____

_____

_____

What is the desired outcome?

_____

_____

_____

_____

_____

Who needs to be involved?

_____   _____

_____   _____

_____   _____

_____   _____

_____   _____

Action Steps:

1. _____

2. _____

3. _____

4. _____

5. _____

6. _____

7. _____

Meeting Planner

Minute Life

Concept/Description

_____
_____
_____
_____
_____

What is the desired outcome?

_____
_____
_____
_____
_____

Who needs to be involved?

_____   _____
_____   _____
_____   _____
_____   _____
_____   _____

Action Steps:

1. _____
2. _____
3. _____
4. _____
5. _____
6. _____
7. _____

Meeting Planner

Strategy Idea Project Campaign Vision

Minute Life

Concept/Description

_____
_____
_____
_____
_____

What is the desired outcome?

_____
_____
_____
_____

Who needs to be involved?

_____   _____
_____   _____
_____   _____
_____   _____
_____   _____

Action Steps:

1. _____
2. _____
3. _____
4. _____
5. _____
6. _____
7. _____

Meeting Planner

Concept/Description

_____

_____

_____

_____

_____

What is the desired outcome?

_____

_____

_____

_____

_____

Who needs to be involved?

_____   _____

_____   _____

_____   _____

_____   _____

_____   _____

Action Steps:

1. _____

2. _____

3. _____

4. _____

5. _____

6. _____

7. _____

Meeting Planner

Strategy, Idea, Project, Campaign, Vision

Minute Life

Concept/Description

_____
_____
_____
_____
_____

What is the desired outcome?

_____
_____
_____
_____
_____

Who needs to be involved?

_____   _____
_____   _____
_____   _____
_____   _____
_____   _____

Action Steps:

1. _____
2. _____
3. _____
4. _____
5. _____
6. _____
7. _____

 To learn about how you can be more productive with "The 7 Minute Life"™ call 870.897.0845 or visit www.TheSevenMinuteDifference.com   © 2010 Seven Minutes, Inc.

Meeting Planner

Minute Life

Concept/Description

_____
_____
_____
_____
_____

What is the desired outcome?

_____
_____
_____
_____
_____

Who needs to be involved?

_____   _____
_____   _____
_____   _____
_____   _____
_____   _____

Action Steps:

1. _____
2. _____
3. _____
4. _____
5. _____
6. _____
7. _____

Let's get started!

Minute Life

prioritize. organize. simplify.

Minute Life

daily progress report

S M T W Th F S
○ ○ ○ ○ ○   ○ ○   _____

date

Daily Contacts

____
____
____ 1. _____
____ 2. _____
____ 3. _____
____ 4. _____
____ 5. _____
____ 6. _____
____ 7. _____
____ 8. _____
____ 9. _____
____ 10. _____
____ 11. _____
____ 12. _____
____ 13. _____
____ 14. _____
____ 15. _____
____ 16. _____
____ 17. _____
____ 18. _____
____ 19. _____
____ 20. _____
____ 21. _____
____ 22. _____
____ 23. _____
____ 24. _____
____ 25. _____

What I will do... *5 before 11*™

1. _____
2. _____
3. _____
4. _____
5. _____

"7 Minute Life" Connections

1. _____
2. _____
3. _____

Unfinished Tasks

1. _____
2. _____
3. _____
4. _____
5. _____
6. _____
7. _____
8. _____
9. _____
10. _____

What I Spent

item   amount
1. _____
2. _____
3. _____

water:

☐ ☐ ☐ ☐

sleep   exercise   reflection   reading

Did I do what I said
I would do today?

☐   ☐

  To learn about how you can be more productive with "The 7 Minute Life"™ call 870.897.0845 or visit www.TheSevenMinuteDifference.com   ©2009 Seven Minutes, Inc.

Appointments

7:00 _____
8:00 _____
9:00 _____
10:00 _____
11:00 _____
12:00 _____
1:00 _____
2:00 _____
3:00 _____
4:00 _____
5:00 _____
6:00 _____
7:00 _____
8:00 _____
9:00 _____
10:00 _____

Thank You Notes

1. _____
2. _____
3. _____

name   number

_____
_____
_____
_____
_____
_____
_____
_____
_____
_____
_____
_____
_____
_____
_____
_____
_____

prioritize.   organize.   simplify.

daily progress report

S M T W Th F S
○ ○ ○ ○ ○ ○ ○

_____
date

Daily Contacts

____
____
____
____ 1. _____
____ 2. _____
____ 3. _____
____ 4. _____
____ 5. _____
____ 6. _____
____ 7. _____
____ 8. _____
____ 9. _____
____ 10. _____
____ 11. _____
____ 12. _____
____ 13. _____
____ 14. _____
____ 15. _____
____ 16. _____
____ 17. _____
____ 18. _____
____ 19. _____
____ 20. _____
____ 21. _____
____ 22. _____
____ 23. _____
____ 24. _____
____ 25. _____

What I will do... *5 before 11*™

1. _____
2. _____
3. _____
4. _____
5. _____

"7 Minute Life" Connections

1. _____
2. _____
3. _____

Unfinished Tasks

1. _____
2. _____
3. _____
4. _____
5. _____
6. _____
7. _____
8. _____
9. _____
10. _____

What I Spent

item   amount
1. _____
2. _____
3. _____

water:

sleep   exercise   reflection   reading

Did I do what I said
I would do today?

Appointments

7:00 _____
8:00 _____
9:00 _____
10:00 _____
11:00 _____
12:00 _____
1:00 _____
2:00 _____
3:00 _____
4:00 _____
5:00 _____
6:00 _____
7:00 _____
8:00 _____
9:00 _____
10:00 _____

Thank You Notes

1. _____
2. _____
3. _____

name   number

prioritize. ○ ○   organize. ○○○   simplify. ○
○ ○ ○   ○○○○
○

Minute Life

daily progress report

○○○○○○○ _____

date

Daily Contacts

___

1. _____
2. _____
3. _____
4. _____
5. _____
6. _____
7. _____
8. _____
9. _____
10. _____
11. _____
12. _____
13. _____
14. _____
15. _____
16. _____
17. _____
18. _____
19. _____
20. _____
21. _____
22. _____
23. _____
24. _____
25. _____

What I will do... *5 before 11*™

1. _____
2. _____
3. _____
4. _____
5. _____

"7 Minute Life" Connections

1. _____
2. _____
3. _____

Unfinished Tasks

1. _____
2. _____
3. _____
4. _____
5. _____
6. _____
7. _____
8. _____
9. _____
10. _____

What I Spent

item   amount

1. _____
2. _____
3. _____

water:

sleep   exercise   reflection   reading

Did I do what I said
I would do today?

 To learn about how you can be more productive with "The 7 Minute Life"™ call 870.897.0845 or visit www.TheSevenMinuteDifference.com   ©2009 Seven Minutes, Inc.

Appointments

7:00 _____
8:00 _____
9:00 _____
10:00 _____
11:00 _____
12:00 _____
1:00 _____
2:00 _____
3:00 _____
4:00 _____
5:00 _____
6:00 _____
7:00 _____
8:00 _____
9:00 _____
10:00 _____

Thank You Notes

1. _____
2. _____
3. _____

Voice Mail

name   number

_____
_____
_____
_____
_____
_____
_____
_____
_____
_____
_____
_____
_____
_____

prioritize.   organize.   simplify. ®

Minute Life

daily progress report

S   M   T   W   Th   F   S
○   ○   ○   ○   ○   ○   ○   _____

date

Daily Contacts

1. _____
2. _____
3. _____
4. _____
5. _____
6. _____
7. _____
8. _____
9. _____
10. _____
11. _____
12. _____
13. _____
14. _____
15. _____
16. _____
17. _____
18. _____
19. _____
20. _____
21. _____
22. _____
23. _____
24. _____
25. _____

What I will do... *5 before 11*™

1. _____
2. _____
3. _____
4. _____
5. _____

"7 Minute Life" Connections

1. _____
2. _____
3. _____

Unfinished Tasks

1. _____
2. _____
3. _____
4. _____
5. _____
6. _____
7. _____
8. _____
9. _____
10. _____

What I Spent

item	amount
1. _____	_____
2. _____	_____
3. _____	_____

water:

sleep   exercise   reflection   reading

Did I do what I said
I would do today?

  To learn about how you can be more productive with "The 7 Minute Life"™ call 870.897.0845 or visit www.TheSevenMinuteDifference.com   ©2009 Seven Minutes, Inc.

Appointments

7:00 _____
8:00 _____
9:00 _____
10:00 _____
11:00 _____
12:00 _____
1:00 _____
2:00 _____
3:00 _____
4:00 _____
5:00 _____
6:00 _____
7:00 _____
8:00 _____
9:00 _____
10:00 _____

Thank You Notes

1. _____
2. _____
3. _____

Voice Mail

name   number

_____

_____

_____

_____

_____

_____

_____

_____

_____

_____

_____

_____

_____

_____

prioritize. organize. simplify. ®

daily progress report

S M T W Th F S

date

Daily Contacts

1. _____
2. _____
3. _____
4. _____
5. _____
6. _____
7. _____
8. _____
9. _____
10. _____
11. _____
12. _____
13. _____
14. _____
15. _____
16. _____
17. _____
18. _____
19. _____
20. _____
21. _____
22. _____
23. _____
24. _____
25. _____

What I will do... *5 before 11*™

1. _____
2. _____
3. _____
4. _____
5. _____

"7 Minute Life" Connections

1. _____
2. _____
3. _____

Unfinished Tasks

1. _____
2. _____
3. _____
4. _____
5. _____
6. _____
7. _____
8. _____
9. _____
10. _____

What I Spent

item   amount

1. _____
2. _____
3. _____

water:

sleep   exercise   reflection   reading

Did I do what I said
I would do today?

  To learn about how you can be more productive with "The 7 Minute Life"™ call 870.897.0845 or visit www.TheSevenMinuteDifference.com   ©2009 Seven Minutes, Inc.

Appointments

7:00 _____

8:00 _____

9:00 _____

10:00 _____

11:00 _____

Voice Mail

name   number

_____

_____

```
    Barnes & Noble Booksellers #2982
         26751 Aliso Creek Road
          Aliso Viejo, CA 92656
             949-362-8027

STR:2982 REG:005 TRN:5455  CSHR:Marla R

EMPLOYEE DISCOUNT

Fancy Nancy Collector's
   9780061719059          T1
   (1 @ 16.99) Employee 30% (5.10)
   (1 @ 11.89)                 11.89 G
   GIFT RECEIPT QTY:1
2011 7-Minute Life Daily
   9780740798238          T1
   (1 @ 14.99) Employee 30% (4.50)
   (1 @ 10.49)                 10.49

Subtotal                        22.38
Sales Tax T1 (8.750%)            1.96
TOTAL                           24.34
VISA DEBIT                      24.34
   Card#:  XXXXXXXXXXXXX5368


         Thanks for shopping at
            Barnes & Noble

101.23B            11/12/2010  02:39PM
```

CUSTOMER COPY

_____

_____

_____

_____

_____

_____

_____

_____

_____

_____

_____

_____

_____

_____

prioritize.   organize.   simplify. ®

daily progress report

Minute Life

Daily Contacts

1. _____
2. _____
3. _____
4. _____
5. _____
6. _____
7. _____
8. _____
9. _____
10. _____
11. _____
12. _____
13. _____
14. _____
15. _____
16. _____
17. _____
18. _____
19. _____
20. _____
21. _____
22. _____
23. _____
24. _____
25. _____

What I will do... *5 before 11*™

1. _____
2. _____
3. _____
4. _____
5. _____

"7 Minute Life" Connections

1. _____
2. _____
3. _____

Unfinished Tasks

1. _____
2. _____
3. _____
4. _____
5. _____
6. _____
7. _____
8. _____
9. _____
10. _____

What I Spent

item   amount

1. _____
2. _____
3. _____

water:

sleep   exercise   reflection   reading

Did I do what I said
I would do today?

 To learn about how you can be more productive with "The 7 Minute Life"™ call 870.897.0845 or visit www.TheSevenMinuteDifference.com

Appointments

7:00 _____
8:00 _____
9:00 _____
10:00 _____
11:00 _____
12:00 _____
1:00 _____
2:00 _____
3:00 _____
4:00 _____
5:00 _____
6:00 _____
7:00 _____
8:00 _____
9:00 _____
10:00 _____

Thank You Notes

1. _____
2. _____
3. _____

Voice Mail

name   number

_____
_____
_____
_____
_____
_____
_____
_____
_____
_____
_____
_____
_____
_____
_____

prioritize.   organize.   simplify. ®

daily progress report

S M T W Th F S
○ ○ ○ ○ ○ ○ ○ _____

date

Daily Contacts

____
____
____ 1. _____
____ 2. _____
____ 3. _____
____ 4. _____
____ 5. _____
____ 6. _____
____ 7. _____
____ 8. _____
____ 9. _____
____ 10. _____
____ 11. _____
____ 12. _____
____ 13. _____
____ 14. _____
____ 15. _____
____ 16. _____
____ 17. _____
____ 18. _____
____ 19. _____
____ 20. _____
____ 21. _____
____ 22. _____
____ 23. _____
____ 24. _____
____ 25. _____

What I will do... *5 before 11*™

1. _____
2. _____
3. _____
4. _____
5. _____

"7 Minute Life" Connections

1. _____
2. _____
3. _____

Unfinished Tasks

1. _____
2. _____
3. _____
4. _____
5. _____
6. _____
7. _____
8. _____
9. _____
10. _____

What I Spent

item   amount
1. _____
2. _____
3. _____

water:

sleep   exercise   reflection   reading

Did I do what I said
I would do today?

 To learn about how you can be more productive with "The 7 Minute Life"™ call 870.897.0845 or visit www.TheSevenMinuteDifference.com

Appointments

7:00 _____
8:00 _____
9:00 _____
10:00 _____
11:00 _____
12:00 _____
1:00 _____
2:00 _____
3:00 _____
4:00 _____
5:00 _____
6:00 _____
7:00 _____
8:00 _____
9:00 _____
10:00 _____

Thank You Notes

1. _____
2. _____
3. _____

Voice Mail

name   number

_____
_____
_____
_____
_____
_____
_____
_____
_____
_____
_____
_____
_____
_____
_____

prioritize.   organize.   simplify. ®

Minute Life

daily progress report

S M T W Th F S
○ ○ ○ ○ ○ ○ ○

_____
date

Daily Contacts

____
____
____
____ 1. _____
____ 2. _____
____ 3. _____
____ 4. _____
____ 5. _____
____ 6. _____
____ 7. _____
____ 8. _____
____ 9. _____
____ 10. _____
____ 11. _____
____ 12. _____
____ 13. _____
____ 14. _____
____ 15. _____
____ 16. _____
____ 17. _____
____ 18. _____
____ 19. _____
____ 20. _____
____ 21. _____
____ 22. _____
____ 23. _____
____ 24. _____
____ 25. _____

What I will do... *5 before 11*™

1. _____ ○
2. _____ ○
3. _____ ○
4. _____ ○
5. _____ ○

"7 Minute Life" Connections

1. _____ ○
2. _____ ○
3. _____ ○

Unfinished Tasks

1. _____ ○
2. _____ ○
3. _____ ○
4. _____ ○
5. _____ ○
6. _____ ○
7. _____ ○
8. _____ ○
9. _____ ○
10. _____ ○

What I Spent

item   amount
1. _____
2. _____
3. _____

water:

sleep   exercise   reflection   reading

Did I do what I said
I would do today?

Yes   No

68   *To learn about how you can be more productive with "The 7 Minute Life"™ call 870.897.0845 or visit www.TheSevenMinuteDifference.com*   ©2009 Seven Minutes, Inc.

Appointments

7:00 _____
8:00 _____
9:00 _____
10:00 _____
11:00 _____
12:00 _____
1:00 _____
2:00 _____
3:00 _____
4:00 _____
5:00 _____
6:00 _____
7:00 _____
8:00 _____
9:00 _____
10:00 _____

Thank You Notes

1. _____
2. _____
3. _____

name   number

_____
_____
_____
_____
_____
_____
_____
_____
_____
_____
_____
_____
_____
_____
_____

prioritize. organize. simplify. ®

Minute Life

daily progress report

Daily Contacts

1. _____
2. _____
3. _____
4. _____
5. _____
6. _____
7. _____
8. _____
9. _____
10. _____
11. _____
12. _____
13. _____
14. _____
15. _____
16. _____
17. _____
18. _____
19. _____
20. _____
21. _____
22. _____
23. _____
24. _____
25. _____

What I will do... *5 before 11*™

1. _____
2. _____
3. _____
4. _____
5. _____

"7 Minute Life" Connections

1. _____
2. _____
3. _____

Unfinished Tasks

1. _____
2. _____
3. _____
4. _____
5. _____
6. _____
7. _____
8. _____
9. _____
10. _____

What I Spent

item   amount

1. _____
2. _____
3. _____

water:

sleep   exercise   reflection   reading

Did I do what I said
I would do today?

Appointments

7:00 _____
8:00 _____
9:00 _____
10:00 _____
11:00 _____
12:00 _____
1:00 _____
2:00 _____
3:00 _____
4:00 _____
5:00 _____
6:00 _____
7:00 _____
8:00 _____
9:00 _____
10:00 _____

Thank You Notes

1. _____
2. _____
3. _____

name   number

_____
_____
_____
_____
_____
_____
_____
_____
_____
_____
_____
_____
_____
_____

prioritize.   organize.   simplify.®

Minute Life

daily progress report

Daily Contacts

1. _____
2. _____
3. _____
4. _____
5. _____
6. _____
7. _____
8. _____
9. _____
10. _____
11. _____
12. _____
13. _____
14. _____
15. _____
16. _____
17. _____
18. _____
19. _____
20. _____
21. _____
22. _____
23. _____
24. _____
25. _____

What I will do... *5 before 11*™

1. _____
2. _____
3. _____
4. _____
5. _____

"7 Minute Life" Connections

1. _____
2. _____
3. _____

Unfinished Tasks

1. _____
2. _____
3. _____
4. _____
5. _____
6. _____
7. _____
8. _____
9. _____
10. _____

What I Spent

item   amount

1. _____
2. _____
3. _____

water:

sleep   exercise   reflection   reading

Did I do what I said
I would do today?

 To learn about how you can be more productive with "The 7 Minute Life"™ call 870.897.0845 or visit www.TheSevenMinuteDifference.com   ©2009 Seven Minutes, Inc.

Appointments

7:00 _____
8:00 _____
9:00 _____
10:00 _____
11:00 _____
12:00 _____
1:00 _____
2:00 _____
3:00 _____
4:00 _____
5:00 _____
6:00 _____
7:00 _____
8:00 _____
9:00 _____
10:00 _____

Thank You Notes

1. _____
2. _____
3. _____

name   number

_____
_____
_____
_____
_____
_____
_____
_____
_____
_____
_____
_____

prioritize. organize. simplify.®

Minute Life

daily progress report

S M T W Th F S
○ ○ ○ ○ ○ ○ ○ _____

date

Daily Contacts

_____
_____ 1. _____
_____ 2. _____
_____ 3. _____
_____ 4. _____
_____ 5. _____
_____ 6. _____
_____ 7. _____
_____ 8. _____
_____ 9. _____
_____ 10. _____
_____ 11. _____
_____ 12. _____
_____ 13. _____
_____ 14. _____
_____ 15. _____
_____ 16. _____
_____ 17. _____
_____ 18. _____
_____ 19. _____
_____ 20. _____
_____ 21. _____
_____ 22. _____
_____ 23. _____
_____ 24. _____
_____ 25. _____

What I will do... *5 before 11*™

1. _____
2. _____
3. _____
4. _____
5. _____

"7 Minute Life" Connections

1. _____
2. _____
3. _____

Unfinished Tasks

1. _____
2. _____
3. _____
4. _____
5. _____
6. _____
7. _____
8. _____
9. _____
10. _____

What I Spent

item   amount
1. _____
2. _____
3. _____

water:

sleep   exercise   reflection   reading

Did I do what I said
I would do today?

74   *To learn about how you can be more productive with "The 7 Minute Life"™ call 870.897.0845 or visit www.TheSevenMinuteDifference.com*   ©2009 Seven Minutes, Inc.

Appointments

7:00 _____

8:00 _____

9:00 _____

10:00 _____

11:00 _____

12:00 _____

1:00 _____

2:00 _____

3:00 _____

4:00 _____

5:00 _____

6:00 _____

7:00 _____

8:00 _____

9:00 _____

10:00 _____

Thank You Notes

1. _____

2. _____

3. _____

Voice Mail

name   number

prioritize.   organize.   simplify. ®

Minute Life

daily progress report

Daily Contacts

____

1. _____
2. _____
3. _____
4. _____
5. _____
6. _____
7. _____
8. _____
9. _____
10. _____
11. _____
12. _____
13. _____
14. _____
15. _____
16. _____
17. _____
18. _____
19. _____
20. _____
21. _____
22. _____
23. _____
24. _____
25. _____

What I will do... *5 before 11*™

1. _____
2. _____
3. _____
4. _____
5. _____

"7 Minute Life" Connections

1. _____
2. _____
3. _____

Unfinished Tasks

1. _____
2. _____
3. _____
4. _____
5. _____
6. _____
7. _____
8. _____
9. _____
10. _____

What I Spent

item   amount

1. _____
2. _____
3. _____

water:

sleep   exercise   reflection   reading

Did I do what I said
I would do today?

Appointments

7:00 _____
8:00 _____
9:00 _____
10:00 _____
11:00 _____
12:00 _____
1:00 _____
2:00 _____
3:00 _____
4:00 _____
5:00 _____
6:00 _____
7:00 _____
8:00 _____
9:00 _____
10:00 _____

Thank You Notes

1. _____
2. _____
3. _____

Voice Mail

name   number

prioritize. organize. simplify. ®

daily progress report

S M T W Th F S
○ ○ ○ ○ ○ ○ ○

_____
date

Minute Life

Daily Contacts

____

1. _____
2. _____
3. _____
4. _____
5. _____
6. _____
7. _____
8. _____
9. _____
10. _____
11. _____
12. _____
13. _____
14. _____
15. _____
16. _____
17. _____
18. _____
19. _____
20. _____
21. _____
22. _____
23. _____
24. _____
25. _____

What I will do... *5 before 11*™

1. _____
2. _____
3. _____
4. _____
5. _____

"7 Minute Life" Connections

1. _____
2. _____
3. _____

Unfinished Tasks

1. _____
2. _____
3. _____
4. _____
5. _____
6. _____
7. _____
8. _____
9. _____
10. _____

What I Spent

item   amount

1. _____
2. _____
3. _____

water:

sleep   exercise   reflection   reading

Did I do what I said
I would do today?

Appointments

7:00 _____
8:00 _____
9:00 _____
10:00 _____
11:00 _____
12:00 _____
1:00 _____
2:00 _____
3:00 _____
4:00 _____
5:00 _____
6:00 _____
7:00 _____
8:00 _____
9:00 _____
10:00 _____

Thank You Notes

1. _____
2. _____
3. _____

name   number

prioritize. organize. simplify. ®

daily progress report

Daily Contacts

_____
_____
_____ 1. _____
_____
_____ 2. _____
_____
_____ 3. _____
_____
_____ 4. _____
_____
_____ 5. _____
_____
_____ 6. _____
_____
_____ 7. _____
_____
_____ 8. _____
_____
_____ 9. _____
_____
_____ 10. _____
_____
_____ 11. _____
_____
_____ 12. _____
_____
_____ 13. _____
_____
_____ 14. _____
_____
_____ 15. _____
_____
_____ 16. _____
_____
_____ 17. _____
_____
_____ 18. _____
_____
_____ 19. _____
_____
_____ 20. _____
_____
_____ 21. _____
_____
_____ 22. _____
_____
_____ 23. _____
_____
_____ 24. _____
_____
_____ 25. _____

What I will do... *5 before 11*™

1. _____
2. _____
3. _____
4. _____
5. _____

"7 Minute Life" Connections

1. _____
2. _____
3. _____

Unfinished Tasks

1. _____
2. _____
3. _____
4. _____
5. _____
6. _____
7. _____
8. _____
9. _____
10. _____

What I Spent

item   amount

1. _____
2. _____
3. _____

water:

sleep   exercise   reflection   reading

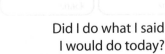

Did I do what I said
I would do today?

 To learn about how you can be more productive with "The 7 Minute Life"™ call 870.897.0845 or visit www.TheSevenMinuteDifference.com   ©2009 Seven Minutes, Inc.

Appointments

7:00 _____
8:00 _____
9:00 _____
10:00 _____
11:00 _____
12:00 _____
1:00 _____
2:00 _____
3:00 _____
4:00 _____
5:00 _____
6:00 _____
7:00 _____
8:00 _____
9:00 _____
10:00 _____

Thank You Notes

1. _____
2. _____
3. _____

Voice Mail

name   number

_____
_____
_____
_____
_____
_____
_____
_____
_____
_____
_____
_____
_____

prioritize.   organize.   simplify. ®

Minute Life

daily progress report

Daily Contacts

____
____
____
____ 1. _____
____ 2. _____
____ 3. _____
____ 4. _____
____ 5. _____
____ 6. _____
____ 7. _____
____ 8. _____
____ 9. _____
____ 10. _____
____ 11. _____
____ 12. _____
____ 13. _____
____ 14. _____
____ 15. _____
____ 16. _____
____ 17. _____
____ 18. _____
____ 19. _____
____ 20. _____
____ 21. _____
____ 22. _____
____ 23. _____
____ 24. _____
____ 25. _____

What I will do... *5 before 11*™

1. _____
2. _____
3. _____
4. _____
5. _____

"7 Minute Life" Connections

1. _____
2. _____
3. _____

Unfinished Tasks

1. _____
2. _____
3. _____
4. _____
5. _____
6. _____
7. _____
8. _____
9. _____
10. _____

What I Spent

item   amount
1. _____
2. _____
3. _____

water:

sleep   exercise   reflection   reading

Did I do what I said
I would do today?

 To learn about how you can be more productive with "The 7 Minute Life"™ call 870.897.0845 or visit www.TheSevenMinuteDifference.com   ©2009 Seven Minutes, Inc.

Appointments

7:00 _____
8:00 _____
9:00 _____
10:00 _____
11:00 _____
12:00 _____
1:00 _____
2:00 _____
3:00 _____
4:00 _____
5:00 _____
6:00 _____
7:00 _____
8:00 _____
9:00 _____
10:00 _____

Thank You Notes

1. _____
2. _____
3. _____

name   number

_____
_____
_____
_____
_____
_____
_____
_____
_____
_____
_____
_____
_____
_____
_____
_____

prioritize. organize. simplify. ®

daily progress report

S M T W Th F S
○ ○ ○ ○ ○ ○ ○ _____

date

Daily Contacts

_____

1. _____
2. _____
3. _____
4. _____
5. _____
6. _____
7. _____
8. _____
9. _____
10. _____
11. _____
12. _____
13. _____
14. _____
15. _____
16. _____
17. _____
18. _____
19. _____
20. _____
21. _____
22. _____
23. _____
24. _____
25. _____

What I will do... *5 before 11*™

1. _____
2. _____
3. _____
4. _____
5. _____

"7 Minute Life" Connections

1. _____
2. _____
3. _____

Unfinished Tasks

1. _____
2. _____
3. _____
4. _____
5. _____
6. _____
7. _____
8. _____
9. _____
10. _____

What I Spent

item   amount

1. _____
2. _____
3. _____

water:

sleep   exercise   reflection   reading

Did I do what I said
I would do today?

Appointments

7:00 _____
8:00 _____
9:00 _____
10:00 _____
11:00 _____
12:00 _____
1:00 _____
2:00 _____
3:00 _____
4:00 _____
5:00 _____
6:00 _____
7:00 _____
8:00 _____
9:00 _____
10:00 _____

Thank You Notes

1. _____
2. _____
3. _____

_____
_____
_____
_____
_____
_____
_____
_____
_____
_____
_____
_____
_____
_____

prioritize. organize. simplify. ®

Minute Life

daily progress report

S M T W Th F S

_____

date

Daily Contacts

____
____
____
____
1. _____
____
2. _____
____
3. _____
____
4. _____
____
5. _____
____
6. _____
____
7. _____
____
8. _____
____
9. _____
____
10. _____
____
11. _____
____
12. _____
____
13. _____
____
14. _____
____
15. _____
____
16. _____
____
17. _____
____
18. _____
____
19. _____
____
20. _____
____
21. _____
____
22. _____
____
23. _____
____
24. _____
____
25. _____

What I will do... *5 before 11*™

1. _____
2. _____
3. _____
4. _____
5. _____

"7 Minute Life" Connections

1. _____
2. _____
3. _____

Unfinished Tasks

1. _____
2. _____
3. _____
4. _____
5. _____
6. _____
7. _____
8. _____
9. _____
10. _____

What I Spent

item   amount
1. _____
2. _____
3. _____

water:

sleep   exercise   reflection   reading

Did I do what I said
I would do today?

Appointments

7:00 _____
8:00 _____
9:00 _____
10:00 _____
11:00 _____
12:00 _____
1:00 _____
2:00 _____
3:00 _____
4:00 _____
5:00 _____
6:00 _____
7:00 _____
8:00 _____
9:00 _____
10:00 _____

Thank You Notes

1. _____
2. _____
3. _____

Voice Mail

name   number

_____
_____
_____
_____
_____
_____
_____
_____
_____
_____
_____
_____
_____
_____

prioritize. organize. simplify. ®

daily progress report

Minute Life

S M T W Th F S
◯ ◯ ◯ ◯ ◯ ◯ ◯   _____

date

Daily Contacts

___
___
___
___ 1. _____
___ 2. _____
___ 3. _____
___ 4. _____
___ 5. _____
___ 6. _____
___ 7. _____
___ 8. _____
___ 9. _____
___ 10. _____
___ 11. _____
___ 12. _____
___ 13. _____
___ 14. _____
___ 15. _____
___ 16. _____
___ 17. _____
___ 18. _____
___ 19. _____
___ 20. _____
___ 21. _____
___ 22. _____
___ 23. _____
___ 24. _____
___ 25. _____

What I will do... *5 before 11*™

1. _____
2. _____
3. _____
4. _____
5. _____

"7 Minute Life" Connections

1. _____
2. _____
3. _____

Unfinished Tasks

1. _____
2. _____
3. _____
4. _____
5. _____
6. _____
7. _____
8. _____
9. _____
10. _____

What I Spent

item   amount

1. _____
2. _____
3. _____

water:

sleep   exercise   reflection   reading

Did I do what I said
I would do today?

   To learn about how you can be more productive with "The 7 Minute Life"™ call 870.897.0845 or visit www.TheSevenMinuteDifference.com   ©2009 Seven Minutes, Inc.

Appointments

7:00 _____
8:00 _____
9:00 _____
10:00 _____
11:00 _____
12:00 _____
1:00 _____
2:00 _____
3:00 _____
4:00 _____
5:00 _____
6:00 _____
7:00 _____
8:00 _____
9:00 _____
10:00 _____

Thank You Notes

1. _____
2. _____
3. _____

_____
_____
_____
_____
_____
_____
_____
_____
_____
_____
_____
_____
_____
_____

prioritize.   organize.   simplify. ®

Minute Life

daily progress report

Daily Contacts

1. _____
2. _____
3. _____
4. _____
5. _____
6. _____
7. _____
8. _____
9. _____
10. _____
11. _____
12. _____
13. _____
14. _____
15. _____
16. _____
17. _____
18. _____
19. _____
20. _____
21. _____
22. _____
23. _____
24. _____
25. _____

What I will do... *5 before 11*™

1. _____
2. _____
3. _____
4. _____
5. _____

"7 Minute Life" Connections

1. _____
2. _____
3. _____

Unfinished Tasks

1. _____
2. _____
3. _____
4. _____
5. _____
6. _____
7. _____
8. _____
9. _____
10. _____

What I Spent

item   amount

1. _____
2. _____
3. _____

water:

sleep   exercise   reflection   reading

Did I do what I said
I would do today?

Yes   No

To learn about how you can be more productive with "The 7 Minute Life"™ call 870.897.0845 or visit www.TheSevenMinuteDifference.com   ©2009 Seven Minutes, Inc.

Appointments

7:00 _____
8:00 _____
9:00 _____
10:00 _____
11:00 _____
12:00 _____
1:00 _____
2:00 _____
3:00 _____
4:00 _____
5:00 _____
6:00 _____
7:00 _____
8:00 _____
9:00 _____
10:00 _____

Thank You Notes

1. _____
2. _____
3. _____

Voice Mail

name   number

_____
_____
_____
_____
_____
_____
_____
_____
_____
_____
_____
_____
_____
_____
_____
_____

prioritize.   organize.   simplify. ®

daily progress report

S M T W Th F S
○ ○ ○ ○ ○ ○ ○

_____
date

Daily Contacts

1. _____
2. _____
3. _____
4. _____
5. _____
6. _____
7. _____
8. _____
9. _____
10. _____
11. _____
12. _____
13. _____
14. _____
15. _____
16. _____
17. _____
18. _____
19. _____
20. _____
21. _____
22. _____
23. _____
24. _____
25. _____

What I will do... *5 before 11*™

1. _____
2. _____
3. _____
4. _____
5. _____

"7 Minute Life" Connections

1. _____
2. _____
3. _____

Unfinished Tasks

1. _____
2. _____
3. _____
4. _____
5. _____
6. _____
7. _____
8. _____
9. _____
10. _____

What I Spent

item   amount
1. _____
2. _____
3. _____

water:

sleep   exercise   reflection   reading

Did I do what I said
I would do today?

 To learn about how you can be more productive with "The 7 Minute Life"™ call 870.897.0845 or visit www.TheSevenMinuteDifference.com   ©2009 Seven Minutes, Inc.

Appointments

7:00 _____
8:00 _____
9:00 _____
10:00 _____
11:00 _____
12:00 _____
1:00 _____
2:00 _____
3:00 _____
4:00 _____
5:00 _____
6:00 _____
7:00 _____
8:00 _____
9:00 _____
10:00 _____

Thank You Notes

1. _____
2. _____
3. _____

Voice Mail

name   number

_____
_____
_____
_____
_____
_____
_____
_____
_____
_____
_____
_____

_____
_____
_____
_____
_____
_____
_____
_____
_____
_____
_____
_____
_____
_____

prioritize.   organize.   simplify.

daily progress report

S M T W Th F S
○ ○ ○ ○ ○ ○ ○   _____

date

Daily Contacts

1. _____
2. _____
3. _____
4. _____
5. _____
6. _____
7. _____
8. _____
9. _____
10. _____
11. _____
12. _____
13. _____
14. _____
15. _____
16. _____
17. _____
18. _____
19. _____
20. _____
21. _____
22. _____
23. _____
24. _____
25. _____

What I will do... *5 before 11*™

1. _____
2. _____
3. _____
4. _____
5. _____

"7 Minute Life" Connections

1. _____
2. _____
3. _____

Unfinished Tasks

1. _____
2. _____
3. _____
4. _____
5. _____
6. _____
7. _____
8. _____
9. _____
10. _____

What I Spent

item   amount

1. _____
2. _____
3. _____

water:

sleep   exercise   reflection   reading

Did I do what I said
I would do today?

Appointments

7:00 _____
8:00 _____
9:00 _____
10:00 _____
11:00 _____
12:00 _____
1:00 _____
2:00 _____
3:00 _____
4:00 _____
5:00 _____
6:00 _____
7:00 _____
8:00 _____
9:00 _____
10:00 _____

Thank You Notes

1. _____
2. _____
3. _____

name   number

_____
_____
_____
_____
_____
_____
_____
_____
_____
_____
_____
_____
_____
_____
_____

prioritize.   organize.   simplify.®

Minute Life

daily progress report

Daily Contacts

___
___
___ 1. _____
___ 2. _____
___ 3. _____
___ 4. _____
___ 5. _____
___ 6. _____
___ 7. _____
___ 8. _____
___ 9. _____
___ 10. _____
___ 11. _____
___ 12. _____
___ 13. _____
___ 14. _____
___ 15. _____
___ 16. _____
___ 17. _____
___ 18. _____
___ 19. _____
___ 20. _____
___ 21. _____
___ 22. _____
___ 23. _____
___ 24. _____
___ 25. _____

What I will do... *5 before 11*™

1. _____
2. _____
3. _____
4. _____
5. _____

"7 Minute Life" Connections

1. _____
2. _____
3. _____

Unfinished Tasks

1. _____
2. _____
3. _____
4. _____
5. _____
6. _____
7. _____
8. _____
9. _____
10. _____

What I Spent

item   amount

1. _____
2. _____
3. _____

water:

sleep   exercise   reflection   reading

Did I do what I said
I would do today?

   To learn about how you can be more productive with "The 7 Minute Life"™ call 870.897.0845 or visit www.TheSevenMinuteDifference.com   ©2009 Seven Minutes, Inc.

Appointments

7:00 _____
8:00 _____
9:00 _____
10:00 _____
11:00 _____
12:00 _____
1:00 _____
2:00 _____
3:00 _____
4:00 _____
5:00 _____
6:00 _____
7:00 _____
8:00 _____
9:00 _____
10:00 _____

Thank You Notes

1. _____
2. _____
3. _____

Voice Mail

name   number

_____
_____
_____
_____
_____
_____
_____
_____
_____
_____
_____
_____
_____
_____
_____

prioritize.   organize.   simplify.

Minute Life

daily progress report

Daily Contacts

1. _____
2. _____
3. _____
4. _____
5. _____
6. _____
7. _____
8. _____
9. _____
10. _____
11. _____
12. _____
13. _____
14. _____
15. _____
16. _____
17. _____
18. _____
19. _____
20. _____
21. _____
22. _____
23. _____
24. _____
25. _____

What I will do... *5 before 11*™

1. _____
2. _____
3. _____
4. _____
5. _____

"7 Minute Life" Connections

1. _____
2. _____
3. _____

Unfinished Tasks

1. _____
2. _____
3. _____
4. _____
5. _____
6. _____
7. _____
8. _____
9. _____
10. _____

What I Spent

item   amount
1. _____
2. _____
3. _____

water:

sleep   exercise   reflection   reading

Did I do what I said
I would do today?

 To learn about how you can be more productive with "The 7 Minute Life"™ call 870.897.0845 or visit www.TheSevenMinuteDifference.com

Appointments

name   number

7:00 _____

8:00 _____

9:00 _____

10:00 _____

11:00 _____

12:00 _____

1:00 _____

2:00 _____

3:00 _____

4:00 _____

5:00 _____

6:00 _____

7:00 _____

8:00 _____

9:00 _____

10:00 _____

Thank You Notes

1. _____

2. _____

3. _____

_____

_____

_____

_____

_____

_____

_____

_____

_____

_____

_____

_____

_____

_____

_____

prioritize.   organize.   simplify. ®

daily progress report

S M T W Th F S
○ ○ ○ ○ ○   ○ ○

_____
date

Daily Contacts

1. _____
2. _____
3. _____
4. _____
5. _____
6. _____
7. _____
8. _____
9. _____
10. _____
11. _____
12. _____
13. _____
14. _____
15. _____
16. _____
17. _____
18. _____
19. _____
20. _____
21. _____
22. _____
23. _____
24. _____
25. _____

What I will do... *5 before 11*™

1. _____
2. _____
3. _____
4. _____
5. _____

"7 Minute Life" Connections

1. _____
2. _____
3. _____

Unfinished Tasks

1. _____
2. _____
3. _____
4. _____
5. _____
6. _____
7. _____
8. _____
9. _____
10. _____

What I Spent

item   amount

1. _____
2. _____
3. _____

water:

sleep   exercise   reflection   reading

Did I do what I said
I would do today?

 To learn about how you can be more productive with "The 7 Minute Life"™ call 870.897.0845 or visit www.TheSevenMinuteDifference.com

Appointments

Voice Mail

name   number

7:00 _____
8:00 _____
9:00 _____
10:00 _____
11:00 _____
12:00 _____
1:00 _____
2:00 _____
3:00 _____
4:00 _____
5:00 _____
6:00 _____
7:00 _____
8:00 _____
9:00 _____
10:00 _____

Thank You Notes

1. _____
2. _____
3. _____

_____
_____
_____
_____
_____
_____
_____
_____
_____
_____
_____
_____
_____

prioritize. organize. simplify. ®

daily progress report

Minute Life

Daily Contacts

1. _____
2. _____
3. _____
4. _____
5. _____
6. _____
7. _____
8. _____
9. _____
10. _____
11. _____
12. _____
13. _____
14. _____
15. _____
16. _____
17. _____
18. _____
19. _____
20. _____
21. _____
22. _____
23. _____
24. _____
25. _____

What I will do... *5 before 11*™

1. _____
2. _____
3. _____
4. _____
5. _____

"7 Minute Life" Connections

1. _____
2. _____
3. _____

Unfinished Tasks

1. _____
2. _____
3. _____
4. _____
5. _____
6. _____
7. _____
8. _____
9. _____
10. _____

What I Spent

item	amount
1.	
2.	
3.	

water:

sleep   exercise   reflection   reading

Did I do what I said
I would do today?

 To learn about how you can be more productive with "The 7 Minute Life"™ call 870.897.0845 or visit www.TheSevenMinuteDifference.com

Appointments

7:00 _____
8:00 _____
9:00 _____
10:00 _____
11:00 _____
12:00 _____
1:00 _____
2:00 _____
3:00 _____
4:00 _____
5:00 _____
6:00 _____
7:00 _____
8:00 _____
9:00 _____
10:00 _____

Thank You Notes

1. _____
2. _____
3. _____

_____
_____
_____
_____
_____
_____
_____
_____
_____
_____
_____
_____
_____
_____

prioritize.   organize.   simplify. ®

daily progress report

S M T W Th F S
○ ○ ○ ○ ○ ○ ○   _____

date

Daily Contacts

____
____
____
1. _____
2. _____
3. _____
4. _____
5. _____
6. _____
7. _____
8. _____
9. _____
10. _____
11. _____
12. _____
13. _____
14. _____
15. _____
16. _____
17. _____
18. _____
19. _____
20. _____
21. _____
22. _____
23. _____
24. _____
25. _____

What I will do... *5 before 11*™

1. _____
2. _____
3. _____
4. _____
5. _____

"7 Minute Life" Connections

1. _____
2. _____
3. _____

Unfinished Tasks

1. _____
2. _____
3. _____
4. _____
5. _____
6. _____
7. _____
8. _____
9. _____
10. _____

What I Spent

item   amount
1. _____
2. _____
3. _____

water:

sleep   exercise   reflection   reading

Did I do what I said
I would do today?

   To learn about how you can be more productive with "The 7 Minute Life"™ call 870.897.0845 or visit www.TheSevenMinuteDifference.com   ©2009 Seven Minutes, Inc.

Appointments

7:00 _____
8:00 _____
9:00 _____
10:00 _____
11:00 _____
12:00 _____
1:00 _____
2:00 _____
3:00 _____
4:00 _____
5:00 _____
6:00 _____
7:00 _____
8:00 _____
9:00 _____
10:00 _____

Thank You Notes

1. _____
2. _____
3. _____

Voice Mail

name   number

daily progress report

S M T W Th F S
○ ○ ○ ○ ○ ○ ○ _____

date

Daily Contacts

_____
_____
_____ 1. _____
_____ 2. _____
_____ 3. _____
_____ 4. _____
_____ 5. _____
_____ 6. _____
_____ 7. _____
_____ 8. _____
_____ 9. _____
_____ 10. _____
_____ 11. _____
_____ 12. _____
_____ 13. _____
_____ 14. _____
_____ 15. _____
_____ 16. _____
_____ 17. _____
_____ 18. _____
_____ 19. _____
_____ 20. _____
_____ 21. _____
_____ 22. _____
_____ 23. _____
_____ 24. _____
_____ 25. _____

What I will do... *5 before 11*™

1. _____
2. _____
3. _____
4. _____
5. _____

"7 Minute Life" Connections

1. _____
2. _____
3. _____

Unfinished Tasks

1. _____
2. _____
3. _____
4. _____
5. _____
6. _____
7. _____
8. _____
9. _____
10. _____

What I Spent

item   amount
1. _____
2. _____
3. _____

water:

sleep   exercise   reflection   reading

Did I do what I said
I would do today?   Yes   No

  To learn about how you can be more productive with "The 7 Minute Life"™ call 870.897.0845 or visit www.TheSevenMinuteDifference.com   ©2009 Seven Minutes, Inc.

Appointments

7:00 _____
8:00 _____
9:00 _____
10:00 _____
11:00 _____
12:00 _____
1:00 _____
2:00 _____
3:00 _____
4:00 _____
5:00 _____
6:00 _____
7:00 _____
8:00 _____
9:00 _____
10:00 _____

Voice Mail

name   number

Thank You Notes

1. _____
2. _____
3. _____

_____
_____
_____
_____
_____
_____
_____
_____
_____
_____
_____
_____
_____
_____

prioritize. organize. simplify. ®

daily progress report

S M T W Th F S
○ ○ ○ ○ ○ ○ ○   _____

date

Daily Contacts

1. _____
2. _____
3. _____
4. _____
5. _____
6. _____
7. _____
8. _____
9. _____
10. _____
11. _____
12. _____
13. _____
14. _____
15. _____
16. _____
17. _____
18. _____
19. _____
20. _____
21. _____
22. _____
23. _____
24. _____
25. _____

What I will do... *5 before 11*™

1. _____
2. _____
3. _____
4. _____
5. _____

"7 Minute Life" Connections

1. _____
2. _____
3. _____

Unfinished Tasks

1. _____
2. _____
3. _____
4. _____
5. _____
6. _____
7. _____
8. _____
9. _____
10. _____

What I Spent

item   amount

1. _____
2. _____
3. _____

water:

sleep   exercise   reflection   reading

Did I do what I said
I would do today?

To learn about how you can be more productive with "The 7 Minute Life"™ call 870.897.0845 or visit www.TheSevenMinuteDifference.com   ©2009 Seven Minutes, Inc.

Appointments

7:00 _____
8:00 _____
9:00 _____
10:00 _____
11:00 _____
12:00 _____
1:00 _____
2:00 _____
3:00 _____
4:00 _____
5:00 _____
6:00 _____
7:00 _____
8:00 _____
9:00 _____
10:00 _____

Thank You Notes

1. _____
2. _____
3. _____

name   number

prioritize. organize. simplify. ®

daily progress report

S M T W Th F S
○ ○ ○ ○ ○ ○ ○   _____

date

Minute Life

Daily Contacts

1. _____
2. _____
3. _____
4. _____
5. _____
6. _____
7. _____
8. _____
9. _____
10. _____
11. _____
12. _____
13. _____
14. _____
15. _____
16. _____
17. _____
18. _____
19. _____
20. _____
21. _____
22. _____
23. _____
24. _____
25. _____

What I will do... *5 before 11*™

1. _____
2. _____
3. _____
4. _____
5. _____

"7 Minute Life" Connections

1. _____
2. _____
3. _____

Unfinished Tasks

1. _____
2. _____
3. _____
4. _____
5. _____
6. _____
7. _____
8. _____
9. _____
10. _____

What I Spent

item   amount

1. _____
2. _____
3. _____

water:

sleep   exercise   reflection   reading

Did I do what I said
I would do today?

To learn about how you can be more productive with "The 7 Minute Life"™ call 870.897.0845 or visit www.TheSevenMinuteDifference.com   ©2009 Seven Minutes, Inc.

Appointments

7:00 _____

8:00 _____

9:00 _____

10:00 _____

11:00 _____

12:00 _____

1:00 _____

2:00 _____

3:00 _____

4:00 _____

5:00 _____

6:00 _____

7:00 _____

8:00 _____

9:00 _____

10:00 _____

Thank You Notes

1. _____

2. _____

3. _____

Voice Mail

name   number

prioritize. organize. simplify. ®

Minute Life

daily progress report

S M T W Th F S
○ ○ ○ ○ ○ ○ ○ _____

date

Daily Contacts

_____
_____
_____ 1. _____
_____ 2. _____
_____ 3. _____
_____ 4. _____
_____ 5. _____
_____ 6. _____
_____ 7. _____
_____ 8. _____
_____ 9. _____
_____ 10. _____
_____ 11. _____
_____ 12. _____
_____ 13. _____
_____ 14. _____
_____ 15. _____
_____ 16. _____
_____ 17. _____
_____ 18. _____
_____ 19. _____
_____ 20. _____
_____ 21. _____
_____ 22. _____
_____ 23. _____
_____ 24. _____
_____ 25. _____

What I will do... *5 before 11*™

1. _____
2. _____
3. _____
4. _____
5. _____

"7 Minute Life" Connections

1. _____
2. _____
3. _____

Unfinished Tasks

1. _____
2. _____
3. _____
4. _____
5. _____
6. _____
7. _____
8. _____
9. _____
10. _____

What I Spent

item   amount
1. _____
2. _____
3. _____

water:

sleep   exercise   reflection   reading

Did I do what I said
I would do today?

 To learn about how you can be more productive with "The 7 Minute Life"™ call 870.897.0845 or visit www.TheSevenMinuteDifference.com   ©2009 Seven Minutes, Inc.

Appointments

7:00 _____

8:00 _____

9:00 _____

10:00 _____

11:00 _____

12:00 _____

1:00 _____

2:00 _____

3:00 _____

4:00 _____

5:00 _____

6:00 _____

7:00 _____

8:00 _____

9:00 _____

10:00 _____

Thank You Notes

1. _____

2. _____

3. _____

Voice Mail

name   number

prioritize. organize. simplify. ®

Minute Life

daily progress report

Daily Contacts

____
___
___
___
___
___
___
___
___
___
___
___
___
___
___
___
___
___
___
___
___
___
___
___
___
___
___
___
___

1. _____
2. _____
3. _____
4. _____
5. _____
6. _____
7. _____
8. _____
9. _____
10. _____
11. _____
12. _____
13. _____
14. _____
15. _____
16. _____
17. _____
18. _____
19. _____
20. _____
21. _____
22. _____
23. _____
24. _____
25. _____

What I will do... *5 before 11*™

1. _____
2. _____
3. _____
4. _____
5. _____

"7 Minute Life" Connections

1. _____
2. _____
3. _____

Unfinished Tasks

1. _____
2. _____
3. _____
4. _____
5. _____
6. _____
7. _____
8. _____
9. _____
10. _____

What I Spent

item   amount
1. _____
2. _____
3. _____

water:

sleep   exercise   reflection   reading

Did I do what I said
I would do today?

  To learn about how you can be more productive with "The 7 Minute Life"™ call 870.897.0845 or visit www.TheSevenMinuteDifference.com   ©2009 Seven Minutes, Inc.

Appointments

7:00 _____
8:00 _____
9:00 _____
10:00 _____
11:00 _____
12:00 _____
1:00 _____
2:00 _____
3:00 _____
4:00 _____
5:00 _____
6:00 _____
7:00 _____
8:00 _____
9:00 _____
10:00 _____

Thank You Notes

1. _____
2. _____
3. _____

_____
_____
_____
_____
_____
_____
_____
_____
_____
_____
_____
_____
_____
_____

prioritize.   organize.   simplify. ®

daily progress report

Minute Life

Daily Contacts

1. _____
2. _____
3. _____
4. _____
5. _____
6. _____
7. _____
8. _____
9. _____
10. _____
11. _____
12. _____
13. _____
14. _____
15. _____
16. _____
17. _____
18. _____
19. _____
20. _____
21. _____
22. _____
23. _____
24. _____
25. _____

What I will do... *5 before 11*™

1. _____
2. _____
3. _____
4. _____
5. _____

"7 Minute Life" Connections

1. _____
2. _____
3. _____

Unfinished Tasks

1. _____
2. _____
3. _____
4. _____
5. _____
6. _____
7. _____
8. _____
9. _____
10. _____

What I Spent

item   amount
1. _____
2. _____
3. _____

water:

sleep   exercise   reflection   reading

Did I do what I said
I would do today?

 To learn about how you can be more productive with "The 7 Minute Life"™ call 870.897.0845 or visit www.TheSevenMinuteDifference.com   ©2009 Seven Minutes, Inc.

Appointments

7:00 _____
8:00 _____
9:00 _____
10:00 _____
11:00 _____
12:00 _____
1:00 _____
2:00 _____
3:00 _____
4:00 _____
5:00 _____
6:00 _____
7:00 _____
8:00 _____
9:00 _____
10:00 _____

Thank You Notes

1. _____
2. _____
3. _____

name   number

_____
_____
_____
_____
_____
_____
_____
_____
_____
_____
_____
_____
_____
_____

prioritize.   organize.   simplify. ®

daily progress report

Minute Life

Daily Contacts

1. _____
2. _____
3. _____
4. _____
5. _____
6. _____
7. _____
8. _____
9. _____
10. _____
11. _____
12. _____
13. _____
14. _____
15. _____
16. _____
17. _____
18. _____
19. _____
20. _____
21. _____
22. _____
23. _____
24. _____
25. _____

What I will do... *5 before 11*™

1. _____
2. _____
3. _____
4. _____
5. _____

"7 Minute Life" Connections

1. _____
2. _____
3. _____

Unfinished Tasks

1. _____
2. _____
3. _____
4. _____
5. _____
6. _____
7. _____
8. _____
9. _____
10. _____

What I Spent

item   amount

1. _____
2. _____
3. _____

water:

sleep   exercise   reflection   reading

Did I do what I said
I would do today?

To learn about how you can be more productive with "The 7 Minute Life"™ call 870.897.0845 or visit www.TheSevenMinuteDifference.com   ©2009 Seven Minutes, Inc.

Appointments

7:00 _____
8:00 _____
9:00 _____
10:00 _____
11:00 _____
12:00 _____
1:00 _____
2:00 _____
3:00 _____
4:00 _____
5:00 _____
6:00 _____
7:00 _____
8:00 _____
9:00 _____
10:00 _____

Thank You Notes

1. _____
2. _____
3. _____

Voice Mail

name   number

_____
_____
_____
_____
_____
_____
_____
_____
_____
_____
_____
_____
_____
_____
_____

prioritize.   organize.   simplify. ®

daily progress report

S M T W Th F S
○ ○ ○ ○ ○ ○ ○   _____

date

Daily Contacts

1. _____
2. _____
3. _____
4. _____
5. _____
6. _____
7. _____
8. _____
9. _____
10. _____
11. _____
12. _____
13. _____
14. _____
15. _____
16. _____
17. _____
18. _____
19. _____
20. _____
21. _____
22. _____
23. _____
24. _____
25. _____

What I will do... *5 before 11*™

1. _____
2. _____
3. _____
4. _____
5. _____

"7 Minute Life" Connections

1. _____
2. _____
3. _____

Unfinished Tasks

1. _____
2. _____
3. _____
4. _____
5. _____
6. _____
7. _____
8. _____
9. _____
10. _____

What I Spent

item   amount
1. _____
2. _____
3. _____

water:

sleep   exercise   reflection   reading

Did I do what I said
I would do today?

 To learn about how you can be more productive with "The 7 Minute Life"™ call 870.897.0845 or visit www.TheSevenMinuteDifference.com   ©2009 Seven Minutes, Inc.

Appointments

7:00 _____
8:00 _____
9:00 _____
10:00 _____
11:00 _____
12:00 _____
1:00 _____
2:00 _____
3:00 _____
4:00 _____
5:00 _____
6:00 _____
7:00 _____
8:00 _____
9:00 _____
10:00 _____

Thank You Notes

1. _____
2. _____
3. _____

Voice Mail

name   number

_____
_____
_____
_____
_____
_____
_____
_____
_____
_____
_____
_____
_____

prioritize.   organize.   simplify. ®

Minute Life

daily progress report

S M T W Th F S
○ ○ ○ ○ ○ ○ ○   _____

date

Daily Contacts

____

1. _____
2. _____
3. _____
4. _____
5. _____
6. _____
7. _____
8. _____
9. _____
10. _____
11. _____
12. _____
13. _____
14. _____
15. _____
16. _____
17. _____
18. _____
19. _____
20. _____
21. _____
22. _____
23. _____
24. _____
25. _____

What I will do... *5 before 11*™

1. _____
2. _____
3. _____
4. _____
5. _____

"7 Minute Life" Connections

1. _____
2. _____
3. _____

Unfinished Tasks

1. _____
2. _____
3. _____
4. _____
5. _____
6. _____
7. _____
8. _____
9. _____
10. _____

What I Spent

item   amount

1. _____
2. _____
3. _____

water:

sleep   exercise   reflection   reading

Did I do what I said
I would do today?

Appointments

7:00 _____
8:00 _____
9:00 _____
10:00 _____
11:00 _____
12:00 _____
1:00 _____
2:00 _____
3:00 _____
4:00 _____
5:00 _____
6:00 _____
7:00 _____
8:00 _____
9:00 _____
10:00 _____

Voice Mail

name   number

Thank You Notes

1. _____
2. _____
3. _____

_____
_____
_____
_____
_____
_____
_____
_____
_____
_____
_____
_____
_____
_____

prioritize.   organize.   simplify. ®

Minute Life

daily progress report

Daily Contacts

1. _____
2. _____
3. _____
4. _____
5. _____
6. _____
7. _____
8. _____
9. _____
10. _____
11. _____
12. _____
13. _____
14. _____
15. _____
16. _____
17. _____
18. _____
19. _____
20. _____
21. _____
22. _____
23. _____
24. _____
25. _____

What I will do... *5 before 11*™

1. _____
2. _____
3. _____
4. _____
5. _____

"7 Minute Life" Connections

1. _____
2. _____
3. _____

Unfinished Tasks

1. _____
2. _____
3. _____
4. _____
5. _____
6. _____
7. _____
8. _____
9. _____
10. _____

What I Spent

item   amount

1. _____
2. _____
3. _____

water:

sleep   exercise   reflection   reading

Did I do what I said
I would do today?

To learn about how you can be more productive with "The 7 Minute Life"™ call 870.897.0845 or visit www.TheSevenMinuteDifference.com

Appointments

7:00 _____
8:00 _____
9:00 _____
10:00 _____
11:00 _____
12:00 _____
1:00 _____
2:00 _____
3:00 _____
4:00 _____
5:00 _____
6:00 _____
7:00 _____
8:00 _____
9:00 _____
10:00 _____

Thank You Notes

1. _____
2. _____
3. _____

Voice Mail

name   number

_____
_____
_____
_____
_____
_____
_____
_____
_____
_____
_____
_____
_____

_____
_____
_____
_____
_____
_____
_____
_____
_____
_____
_____
_____
_____

prioritize. organize. simplify. ®

daily progress report

Minute Life

S   M   T   W   Th   F   S

_____
date

Daily Contacts

____
____
____   1. _____
____   2. _____
____   3. _____
____   4. _____
____   5. _____
____   6. _____
____   7. _____
____   8. _____
____   9. _____
____   10. _____
____   11. _____
____   12. _____
____   13. _____
____   14. _____
____   15. _____
____   16. _____
____   17. _____
____   18. _____
____   19. _____
____   20. _____
____   21. _____
____   22. _____
____   23. _____
____   24. _____
____   25. _____

What I will do... *5 before 11*™

1. _____
2. _____
3. _____
4. _____
5. _____

"7 Minute Life" Connections

1. _____
2. _____
3. _____

Unfinished Tasks

1. _____
2. _____
3. _____
4. _____
5. _____
6. _____
7. _____
8. _____
9. _____
10. _____

What I Spent

item   amount

1. _____
2. _____
3. _____

water:

sleep   exercise   reflection   reading

Did I do what I said
I would do today?

 To learn about how you can be more productive with "The 7 Minute Life"™ call 870.897.0845 or visit www.TheSevenMinuteDifference.com   ©2009 Seven Minutes, Inc.

Appointments

7:00 _____

8:00 _____

9:00 _____

10:00 _____

11:00 _____

12:00 _____

1:00 _____

2:00 _____

3:00 _____

4:00 _____

5:00 _____

6:00 _____

7:00 _____

8:00 _____

9:00 _____

10:00 _____

Thank You Notes

1. _____

2. _____

3. _____

_____

_____

_____

_____

_____

_____

_____

_____

_____

_____

_____

_____

_____

_____

prioritize.   organize.   simplify. ®

Minute Life

daily progress report

Daily Contacts

___	
___	1. _____
___	2. _____
___	3. _____
___	4. _____
___	5. _____
___	6. _____
___	7. _____
___	8. _____
___	9. _____
___	10. _____
___	11. _____
___	12. _____
___	13. _____
___	14. _____
___	15. _____
___	16. _____
___	17. _____
___	18. _____
___	19. _____
___	20. _____
___	21. _____
___	22. _____
___	23. _____
___	24. _____
___	25. _____

What I will do... *5 before 11*™

1. _____
2. _____
3. _____
4. _____
5. _____

"7 Minute Life" Connections

1. _____
2. _____
3. _____

Unfinished Tasks

1. _____
2. _____
3. _____
4. _____
5. _____
6. _____
7. _____
8. _____
9. _____
10. _____

What I Spent

item	amount
1. _____	
2. _____	
3. _____	

water:

sleep   exercise   reflection   reading

Did I do what I said
I would do today?

 To learn about how you can be more productive with "The 7 Minute Life"™ call 870.897.0845 or visit www.TheSevenMinuteDifference.com   ©2009 Seven Minutes, Inc.

Appointments

7:00	_____
8:00	_____
9:00	_____
10:00	_____
11:00	_____
12:00	_____
1:00	_____
2:00	_____
3:00	_____
4:00	_____
5:00	_____
6:00	_____
7:00	_____
8:00	_____
9:00	_____
10:00	_____

Voice Mail

name   number

Thank You Notes

1. _____
2. _____
3. _____

_____
_____
_____
_____
_____
_____
_____
_____
_____
_____
_____
_____
_____
_____

prioritize.   organize.   simplify. ®

daily progress report

S M T W Th F S
○ ○ ○ ○ ○ ○ ○ _____

date

Daily Contacts

1. _____
2. _____
3. _____
4. _____
5. _____
6. _____
7. _____
8. _____
9. _____
10. _____
11. _____
12. _____
13. _____
14. _____
15. _____
16. _____
17. _____
18. _____
19. _____
20. _____
21. _____
22. _____
23. _____
24. _____
25. _____

What I will do... *5 before 11*™

1. _____
2. _____
3. _____
4. _____
5. _____

"7 Minute Life" Connections

1. _____
2. _____
3. _____

Unfinished Tasks

1. _____
2. _____
3. _____
4. _____
5. _____
6. _____
7. _____
8. _____
9. _____
10. _____

What I Spent

item   amount

1. _____
2. _____
3. _____

water:

sleep   exercise   reflection   reading

Did I do what I said
I would do today?

 To learn about how you can be more productive with "The 7 Minute Life"™ call 870.897.0845 or visit www.TheSevenMinuteDifference.com   ©2009 Seven Minutes, Inc.

Appointments

7:00 _____

8:00 _____

9:00 _____

10:00 _____

11:00 _____

12:00 _____

1:00 _____

2:00 _____

3:00 _____

4:00 _____

5:00 _____

6:00 _____

7:00 _____

8:00 _____

9:00 _____

10:00 _____

Thank You Notes

1. _____

2. _____

3. _____

Voice Mail

name   number

_____

_____

_____

_____

_____

_____

_____

_____

_____

_____

_____

_____

_____

_____

prioritize.   organize.   simplify. ®

daily progress report

S M T W Th F S
○ ○ ○ ○ ○ ○ ○ _____

Minute Life

date

Daily Contacts

1. _____
2. _____
3. _____
4. _____
5. _____
6. _____
7. _____
8. _____
9. _____
10. _____
11. _____
12. _____
13. _____
14. _____
15. _____
16. _____
17. _____
18. _____
19. _____
20. _____
21. _____
22. _____
23. _____
24. _____
25. _____

What I will do... *5 before 11*™

1. _____
2. _____
3. _____
4. _____
5. _____

"7 Minute Life" Connections

1. _____
2. _____
3. _____

Unfinished Tasks

1. _____
2. _____
3. _____
4. _____
5. _____
6. _____
7. _____
8. _____
9. _____
10. _____

What I Spent

item   amount

1. _____
2. _____
3. _____

water:

sleep   exercise   reflection   reading

Did I do what I said
I would do today?   Yes   No

 To learn about how you can be more productive with "The 7 Minute Life"™ call 870.897.0845 or visit www.TheSevenMinuteDifference.com   ©2009 Seven Minutes, Inc.

Appointments

7:00 _____
8:00 _____
9:00 _____
10:00 _____
11:00 _____
12:00 _____
1:00 _____
2:00 _____
3:00 _____
4:00 _____
5:00 _____
6:00 _____
7:00 _____
8:00 _____
9:00 _____
10:00 _____

Thank You Notes

1. _____
2. _____
3. _____

Voice Mail

name   number

_____
_____
_____
_____
_____
_____
_____
_____
_____
_____
_____
_____
_____

prioritize. organize. simplify. ®

daily progress report

S M T W Th F S

_____
date

Daily Contacts

1. _____
2. _____
3. _____
4. _____
5. _____
6. _____
7. _____
8. _____
9. _____
10. _____
11. _____
12. _____
13. _____
14. _____
15. _____
16. _____
17. _____
18. _____
19. _____
20. _____
21. _____
22. _____
23. _____
24. _____
25. _____

What I will do... *5 before 11*™

1. _____
2. _____
3. _____
4. _____
5. _____

"7 Minute Life" Connections

1. _____
2. _____
3. _____

Unfinished Tasks

1. _____
2. _____
3. _____
4. _____
5. _____
6. _____
7. _____
8. _____
9. _____
10. _____

What I Spent

item   amount

1. _____
2. _____
3. _____

water:

sleep   exercise   reflection   reading

Did I do what I said
I would do today?

 To learn about how you can be more productive with "The 7 Minute Life"™ call 870.897.0845 or visit www.TheSevenMinuteDifference.com   ©2009 Seven Minutes, Inc.

Appointments

7:00 _____
8:00 _____
9:00 _____
10:00 _____
11:00 _____
12:00 _____
1:00 _____
2:00 _____
3:00 _____
4:00 _____
5:00 _____
6:00 _____
7:00 _____
8:00 _____
9:00 _____
10:00 _____

Thank You Notes

1. _____
2. _____
3. _____

Voice Mail

name   number

_____
_____
_____
_____
_____
_____
_____
_____
_____
_____
_____
_____
_____
_____

prioritize.   organize.   simplify. ®

Minute Life

daily progress report

Daily Contacts

1. _____
2. _____
3. _____
4. _____
5. _____
6. _____
7. _____
8. _____
9. _____
10. _____
11. _____
12. _____
13. _____
14. _____
15. _____
16. _____
17. _____
18. _____
19. _____
20. _____
21. _____
22. _____
23. _____
24. _____
25. _____

What I will do... *5 before 11*™

1. _____
2. _____
3. _____
4. _____
5. _____

"7 Minute Life" Connections

1. _____
2. _____
3. _____

Unfinished Tasks

1. _____
2. _____
3. _____
4. _____
5. _____
6. _____
7. _____
8. _____
9. _____
10. _____

What I Spent

item   amount

1. _____
2. _____
3. _____

water:

sleep   exercise   reflection   reading

Did I do what I said
I would do today?

Appointments

7:00 _____

8:00 _____

9:00 _____

10:00 _____

11:00 _____

12:00 _____

1:00 _____

2:00 _____

3:00 _____

4:00 _____

5:00 _____

6:00 _____

7:00 _____

8:00 _____

9:00 _____

10:00 _____

Thank You Notes

1. _____

2. _____

3. _____

Voice Mail

name   number

prioritize. organize. simplify. ®

Minute Life

daily progress report

Daily Contacts

___
___
___ 1. _____
___
___ 2. _____
___
___ 3. _____
___
___ 4. _____
___
___ 5. _____
___
___ 6. _____
___
___ 7. _____
___
___ 8. _____
___
___ 9. _____
___
___ 10. _____
___
___ 11. _____
___
___ 12. _____
___
___ 13. _____
___
___ 14. _____
___
___ 15. _____
___
___ 16. _____
___
___ 17. _____
___
___ 18. _____
___
___ 19. _____
___
___ 20. _____
___
___ 21. _____
___
___ 22. _____
___
___ 23. _____
___
___ 24. _____
___
___ 25. _____

What I will do... *5 before 11*™

1. _____
2. _____
3. _____
4. _____
5. _____

"7 Minute Life" Connections

1. _____
2. _____
3. _____

Unfinished Tasks

1. _____
2. _____
3. _____
4. _____
5. _____
6. _____
7. _____
8. _____
9. _____
10. _____

What I Spent

item   amount

1. _____
2. _____
3. _____

water:

sleep   exercise   reflection   reading

Did I do what I said
I would do today?   Yes   No

 To learn about how you can be more productive with "The 7 Minute Life"™ call 870.897.0845 or visit www.TheSevenMinuteDifference.com   ©2009 Seven Minutes, Inc.

Appointments

7:00 _____
8:00 _____
9:00 _____
10:00 _____
11:00 _____
12:00 _____
1:00 _____
2:00 _____
3:00 _____
4:00 _____
5:00 _____
6:00 _____
7:00 _____
8:00 _____
9:00 _____
10:00 _____

Thank You Notes

1. _____
2. _____
3. _____

Voice Mail

name   number

_____
_____
_____
_____
_____
_____
_____
_____
_____
_____
_____
_____
_____
_____
_____

prioritize.   organize.   simplify. ®

Minute Life

daily progress report

Daily Contacts

1. _____
2. _____
3. _____
4. _____
5. _____
6. _____
7. _____
8. _____
9. _____
10. _____
11. _____
12. _____
13. _____
14. _____
15. _____
16. _____
17. _____
18. _____
19. _____
20. _____
21. _____
22. _____
23. _____
24. _____
25. _____

What I will do... *5 before 11*™

1. _____
2. _____
3. _____
4. _____
5. _____

"7 Minute Life" Connections

1. _____
2. _____
3. _____

Unfinished Tasks

1. _____
2. _____
3. _____
4. _____
5. _____
6. _____
7. _____
8. _____
9. _____
10. _____

What I Spent

item	amount
1.	
2.	
3.	

water:

sleep
in hours

exercise
in minutes

reflection
in minutes

reading
in minutes

Did I do what I said I would do today?
☐ Yes ☐ No

Appointments

7:00 _____
8:00 _____
9:00 _____
10:00 _____
11:00 _____
12:00 _____
1:00 _____
2:00 _____
3:00 _____
4:00 _____
5:00 _____
6:00 _____
7:00 _____
8:00 _____
9:00 _____
10:00 _____

Thank You Notes

1. _____
2. _____
3. _____

Voice Mail

name   number

_____
_____
_____
_____
_____
_____
_____
_____
_____
_____
_____
_____
_____
_____

prioritize.   organize.   simplify. ®

daily progress report

Minute Life

Daily Contacts

1. _____
2. _____
3. _____
4. _____
5. _____
6. _____
7. _____
8. _____
9. _____
10. _____
11. _____
12. _____
13. _____
14. _____
15. _____
16. _____
17. _____
18. _____
19. _____
20. _____
21. _____
22. _____
23. _____
24. _____
25. _____

What I will do... *5 before 11*™

1. _____
2. _____
3. _____
4. _____
5. _____

"7 Minute Life" Connections

1. _____
2. _____
3. _____

Unfinished Tasks

1. _____
2. _____
3. _____
4. _____
5. _____
6. _____
7. _____
8. _____
9. _____
10. _____

What I Spent

item   amount

1. _____
2. _____
3. _____

water:

sleep   exercise   reflection   reading

Did I do what I said
I would do today?

 To learn about how you can be more productive with "The 7 Minute Life"™ call 870.897.0845 or visit www.TheSevenMinuteDifference.com   ©2009 Seven Minutes, Inc.

Appointments

7:00 _____
8:00 _____
9:00 _____
10:00 _____
11:00 _____
12:00 _____
1:00 _____
2:00 _____
3:00 _____
4:00 _____
5:00 _____
6:00 _____
7:00 _____
8:00 _____
9:00 _____
10:00 _____

Thank You Notes

1. _____
2. _____
3. _____

_____
_____
_____
_____
_____
_____
_____
_____
_____
_____
_____
_____
_____
_____

prioritize.   organize.   simplify. ®

Minute Life

daily progress report

S M T W Th F S
○ ○ ○ ○ ○   ○ ○   _____

date

Daily Contacts

```
____
____
____   1. _____
____   2. _____
____   3. _____
____   4. _____
____   5. _____
____   6. _____
____   7. _____
____   8. _____
____   9. _____
____  10. _____
____  11. _____
____  12. _____
____  13. _____
____  14. _____
____  15. _____
____  16. _____
____  17. _____
____  18. _____
____  19. _____
____  20. _____
____  21. _____
____  22. _____
____  23. _____
____  24. _____
____  25. _____
```

What I will do... *5 before 11*™

```
1. _____
2. _____
3. _____
4. _____
5. _____
```

"7 Minute Life" Connections

```
1. _____
2. _____
3. _____
```

Unfinished Tasks

```
 1. _____
 2. _____
 3. _____
 4. _____
 5. _____
 6. _____
 7. _____
 8. _____
 9. _____
10. _____
```

What I Spent

item	amount
1.	
2.	
3.	

water:

sleep   exercise   reflection   reading

Did I do what I said
I would do today?

144   *To learn about how you can be more productive with "The 7 Minute Life"™ call 870.897.0845 or visit www.TheSevenMinuteDifference.com*   ©2009 Seven Minutes, Inc.

Appointments

7:00 _____

8:00 _____

9:00 _____

10:00 _____

11:00 _____

12:00 _____

1:00 _____

2:00 _____

3:00 _____

4:00 _____

5:00 _____

6:00 _____

7:00 _____

8:00 _____

9:00 _____

10:00 _____

Thank You Notes

1. _____

2. _____

3. _____

Voice Mail

name   number

_____

_____

_____

_____

_____

_____

_____

_____

_____

_____

_____

_____

_____

_____

_____

_____

prioritize. organize. simplify. ®

daily progress report

S M T W Th F S
○ ○ ○ ○ ○ ○ ○   _____

Minute Life

date

Daily Contacts

___	1. _____
___	2. _____
___	3. _____
___	4. _____
___	5. _____
___	6. _____
___	7. _____
___	8. _____
___	9. _____
___	10. _____
___	11. _____
___	12. _____
___	13. _____
___	14. _____
___	15. _____
___	16. _____
___	17. _____
___	18. _____
___	19. _____
___	20. _____
___	21. _____
___	22. _____
___	23. _____
___	24. _____
___	25. _____

What I will do... *5 before 11*™

1. _____
2. _____
3. _____
4. _____
5. _____

"7 Minute Life" Connections

1. _____
2. _____
3. _____

Unfinished Tasks

1. _____
2. _____
3. _____
4. _____
5. _____
6. _____
7. _____
8. _____
9. _____
10. _____

What I Spent

item   amount

1. _____
2. _____
3. _____

water:

sleep   exercise   reflection   reading

Did I do what I said
I would do today?

To learn about how you can be more productive with "The 7 Minute Life"™ call 870.897.0845 or visit www.TheSevenMinuteDifference.com   ©2009 Seven Minutes, Inc.

Appointments

7:00 _____
8:00 _____
9:00 _____
10:00 _____
11:00 _____
12:00 _____
1:00 _____
2:00 _____
3:00 _____
4:00 _____
5:00 _____
6:00 _____
7:00 _____
8:00 _____
9:00 _____
10:00 _____

Thank You Notes

1. _____
2. _____
3. _____

name   number

_____
_____
_____
_____
_____
_____
_____
_____
_____
_____
_____
_____
_____
_____
_____
_____
_____

prioritize.   organize.   simplify. ®

daily progress report

Minute Life

Daily Contacts

____
____
____ 1. _____
____ 2. _____
____ 3. _____
____ 4. _____
____ 5. _____
____ 6. _____
____ 7. _____
____ 8. _____
____ 9. _____
____ 10. _____
____ 11. _____
____ 12. _____
____ 13. _____
____ 14. _____
____ 15. _____
____ 16. _____
____ 17. _____
____ 18. _____
____ 19. _____
____ 20. _____
____ 21. _____
____ 22. _____
____ 23. _____
____ 24. _____
____ 25. _____

What I will do... *5 before 11*™

1. _____
2. _____
3. _____
4. _____
5. _____

"7 Minute Life" Connections

1. _____
2. _____
3. _____

Unfinished Tasks

1. _____
2. _____
3. _____
4. _____
5. _____
6. _____
7. _____
8. _____
9. _____
10. _____

What I Spent

item   amount
1. _____
2. _____
3. _____

water:

sleep   exercise   reflection   reading

Did I do what I said
I would do today?

Appointments

7:00 _____
8:00 _____
9:00 _____
10:00 _____
11:00 _____
12:00 _____
1:00 _____
2:00 _____
3:00 _____
4:00 _____
5:00 _____
6:00 _____
7:00 _____
8:00 _____
9:00 _____
10:00 _____

Thank You Notes

1. _____
2. _____
3. _____

Voice Mail

name   number

_____
_____
_____
_____
_____
_____
_____
_____
_____
_____
_____
_____
_____
_____

prioritize. organize. simplify. ®

daily progress report

S M T W Th F S
○ ○ ○ ○ ○ ○ ○

_____
date

Daily Contacts

1. _____
2. _____
3. _____
4. _____
5. _____
6. _____
7. _____
8. _____
9. _____
10. _____
11. _____
12. _____
13. _____
14. _____
15. _____
16. _____
17. _____
18. _____
19. _____
20. _____
21. _____
22. _____
23. _____
24. _____
25. _____

What I will do... *5 before 11*™

1. _____
2. _____
3. _____
4. _____
5. _____

"7 Minute Life" Connections

1. _____
2. _____
3. _____

Unfinished Tasks

1. _____
2. _____
3. _____
4. _____
5. _____
6. _____
7. _____
8. _____
9. _____
10. _____

What I Spent

item   amount
1. _____
2. _____
3. _____

water:

sleep   exercise   reflection   reading

Did I do what I said
I would do today?

Appointments

7:00 _____
8:00 _____
9:00 _____
10:00 _____
11:00 _____
12:00 _____
1:00 _____
2:00 _____
3:00 _____
4:00 _____
5:00 _____
6:00 _____
7:00 _____
8:00 _____
9:00 _____
10:00 _____

Voice Mail

name   number

Thank You Notes

1. _____
2. _____
3. _____

_____
_____
_____
_____
_____
_____
_____
_____
_____
_____
_____
_____
_____
_____
_____

prioritize. organize. simplify. ®

Minute Life

daily progress report

Daily Contacts

1. _____
2. _____
3. _____
4. _____
5. _____
6. _____
7. _____
8. _____
9. _____
10. _____
11. _____
12. _____
13. _____
14. _____
15. _____
16. _____
17. _____
18. _____
19. _____
20. _____
21. _____
22. _____
23. _____
24. _____
25. _____

What I will do... *5 before 11*™

1. _____
2. _____
3. _____
4. _____
5. _____

"7 Minute Life" Connections

1. _____
2. _____
3. _____

Unfinished Tasks

1. _____
2. _____
3. _____
4. _____
5. _____
6. _____
7. _____
8. _____
9. _____
10. _____

What I Spent

item   amount

1. _____
2. _____
3. _____

water:

sleep   exercise   reflection   reading

Did I do what I said
I would do today?

Appointments

7:00 _____
8:00 _____
9:00 _____
10:00 _____
11:00 _____
12:00 _____
1:00 _____
2:00 _____
3:00 _____
4:00 _____
5:00 _____
6:00 _____
7:00 _____
8:00 _____
9:00 _____
10:00 _____

Thank You Notes

1. _____
2. _____
3. _____

Voice Mail

name   number

_____
_____
_____
_____
_____
_____
_____
_____
_____
_____
_____
_____
_____
_____

prioritize.   organize.   simplify.®

Minute Life

daily progress report

Daily Contacts

___
___
___
___ 1. _____
___
___ 2. _____
___
___ 3. _____
___
___ 4. _____
___
___ 5. _____
___
___ 6. _____
___
___ 7. _____
___
___ 8. _____
___
___ 9. _____
___
___ 10. _____
___
___ 11. _____
___
___ 12. _____
___
___ 13. _____
___
___ 14. _____
___
___ 15. _____
___
___ 16. _____
___
___ 17. _____
___
___ 18. _____
___
___ 19. _____
___
___ 20. _____
___
___ 21. _____
___
___ 22. _____
___
___ 23. _____
___
___ 24. _____
___
___ 25. _____

What I will do... *5 before 11*™

1. _____
2. _____
3. _____
4. _____
5. _____

"7 Minute Life" Connections

1. _____
2. _____
3. _____

Unfinished Tasks

1. _____
2. _____
3. _____
4. _____
5. _____
6. _____
7. _____
8. _____
9. _____
10. _____

What I Spent

item   amount

1. _____
2. _____
3. _____

water:

sleep   exercise   reflection   reading

Did I do what I said
I would do today?

 To learn about how you can be more productive with "The 7 Minute Life"™ call 870.897.0845 or visit www.TheSevenMinuteDifference.com   ©2009 Seven Minutes, Inc.

Appointments

7:00 _____
8:00 _____
9:00 _____
10:00 _____
11:00 _____
12:00 _____
1:00 _____
2:00 _____
3:00 _____
4:00 _____
5:00 _____
6:00 _____
7:00 _____
8:00 _____
9:00 _____
10:00 _____

Voice Mail

name   number

Thank You Notes

1. _____

prioritize. organize. simplify. ®

Minute Life

daily progress report

___
___
Daily Contacts

___ 1. _____
___ 2. _____
___ 3. _____
___ 4. _____
___ 5. _____
___ 6. _____
___ 7. _____
___ 8. _____
___ 9. _____
___ 10. _____
___ 11. _____
___ 12. _____
___ 13. _____
___ 14. _____
___ 15. _____
___ 16. _____
___ 17. _____
___ 18. _____
___ 19. _____
___ 20. _____
___ 21. _____
___ 22. _____
___ 23. _____
___ 24. _____
___ 25. _____

What I will do... *5 before 11* ™

1. _____
2. _____
3. _____
4. _____
5. _____

"7 Minute Life" Connections

1. _____
2. _____
3. _____

Unfinished Tasks

1. _____
2. _____
3. _____
4. _____
5. _____
6. _____
7. _____
8. _____
9. _____
10. _____

What I Spent

item   amount
1. _____
2. _____
3. _____

water:

sleep   exercise   reflection   reading

Did I do what I said
I would do today?   ☐ Yes ☐ No

 To learn about how you can be more productive with "The 7 Minute Life"™ call 870.897.0845 or visit www.TheSevenMinuteDifference.com   ©2009 Seven Minutes, Inc.

Appointments

7:00 _____
8:00 _____
9:00 _____
10:00 _____
11:00 _____
12:00 _____
1:00 _____
2:00 _____
3:00 _____
4:00 _____
5:00 _____
6:00 _____
7:00 _____
8:00 _____
9:00 _____
10:00 _____

Thank You Notes

1. _____
2. _____
3. _____

Voice Mail

name   number

_____
_____
_____
_____
_____
_____
_____
_____
_____
_____
_____
_____
_____
_____

prioritize.   organize.   simplify. ®

daily progress report

S   M   T   W   Th   F   S
○   ○   ○   ○   ○   ○   ○   _____

date

Daily Contacts

____
____
____   1. _____
____   2. _____
____   3. _____
____   4. _____
____   5. _____
____   6. _____
____   7. _____
____   8. _____
____   9. _____
____   10. _____
____   11. _____
____   12. _____
____   13. _____
____   14. _____
____   15. _____
____   16. _____
____   17. _____
____   18. _____
____   19. _____
____   20. _____
____   21. _____
____   22. _____
____   23. _____
____   24. _____
____   25. _____

What I will do... *5 before 11*™

1. _____
2. _____
3. _____
4. _____
5. _____

"7 Minute Life" Connections

1. _____
2. _____
3. _____

Unfinished Tasks

1. _____
2. _____
3. _____
4. _____
5. _____
6. _____
7. _____
8. _____
9. _____
10. _____

What I Spent

item   amount

1. _____
2. _____
3. _____

water:

sleep   exercise   reflection   reading

**Did I do what I said
I would do today?**

Appointments

7:00 _____
8:00 _____
9:00 _____
10:00 _____
11:00 _____
12:00 _____
1:00 _____
2:00 _____
3:00 _____
4:00 _____
5:00 _____
6:00 _____
7:00 _____
8:00 _____
9:00 _____
10:00 _____

Thank You Notes

1. _____
2. _____
3. _____

Voice Mail

name   number

_____
_____
_____
_____
_____
_____
_____
_____
_____
_____
_____
_____
_____
_____

prioritize.   organize.   simplify.

Minute Life

daily progress report

____ ## Daily Contacts

1. _____
2. _____
3. _____
4. _____
5. _____
6. _____
7. _____
8. _____
9. _____
10. _____
11. _____
12. _____
13. _____
14. _____
15. _____
16. _____
17. _____
18. _____
19. _____
20. _____
21. _____
22. _____
23. _____
24. _____
25. _____

What I will do... *5 before 11*™

1. _____
2. _____
3. _____
4. _____
5. _____

"7 Minute Life" Connections

1. _____
2. _____
3. _____

Unfinished Tasks

1. _____
2. _____
3. _____
4. _____
5. _____
6. _____
7. _____
8. _____
9. _____
10. _____

What I Spent

item   amount

1. _____
2. _____
3. _____

water:

sleep   exercise   reflection   reading

Did I do what I said
I would do today?

 To learn about how you can be more productive with "The 7 Minute Life"™ call 870.897.0845 or visit www.TheSevenMinuteDifference.com   ©2009 Seven Minutes, Inc.

Appointments

7:00 _____
8:00 _____
9:00 _____
10:00 _____
11:00 _____
12:00 _____
1:00 _____
2:00 _____
3:00 _____
4:00 _____
5:00 _____
6:00 _____
7:00 _____
8:00 _____
9:00 _____
10:00 _____

Thank You Notes

1. _____
2. _____
3. _____

Voice Mail

name   number

_____
_____
_____
_____
_____
_____
_____
_____
_____
_____
_____
_____
_____
_____
_____

prioritize. organize. simplify.®

Minute Life

daily progress report

Daily Contacts

1. _____
2. _____
3. _____
4. _____
5. _____
6. _____
7. _____
8. _____
9. _____
10. _____
11. _____
12. _____
13. _____
14. _____
15. _____
16. _____
17. _____
18. _____
19. _____
20. _____
21. _____
22. _____
23. _____
24. _____
25. _____

What I will do... *5 before 11* ™

1. _____
2. _____
3. _____
4. _____
5. _____

"7 Minute Life" Connections

1. _____
2. _____
3. _____

Unfinished Tasks

1. _____
2. _____
3. _____
4. _____
5. _____
6. _____
7. _____
8. _____
9. _____
10. _____

What I Spent

item   amount

1. _____
2. _____
3. _____

water:

sleep   exercise   reflection   reading

Did I do what I said
I would do today?   ☐   ☐

Appointments

7:00 _____
8:00 _____
9:00 _____
10:00 _____
11:00 _____
12:00 _____
1:00 _____
2:00 _____
3:00 _____
4:00 _____
5:00 _____
6:00 _____
7:00 _____
8:00 _____
9:00 _____
10:00 _____

Thank You Notes

1. _____
2. _____
3. _____

name   number

_____
_____
_____
_____
_____
_____
_____
_____
_____
_____
_____
_____
_____
_____
_____
_____
_____

prioritize.   organize.   simplify. ®

Minute Life

daily progress report

Daily Contacts

___
___
___ 1. _____
___ 2. _____
___ 3. _____
___ 4. _____
___ 5. _____
___ 6. _____
___ 7. _____
___ 8. _____
___ 9. _____
___ 10. _____
___ 11. _____
___ 12. _____
___ 13. _____
___ 14. _____
___ 15. _____
___ 16. _____
___ 17. _____
___ 18. _____
___ 19. _____
___ 20. _____
___ 21. _____
___ 22. _____
___ 23. _____
___ 24. _____
___ 25. _____

What I will do... *5 before 11*™

1. _____ ○
2. _____ ○
3. _____ ○
4. _____ ○
5. _____ ○

"7 Minute Life" Connections

1. _____ ○
2. _____ ○
3. _____ ○

Unfinished Tasks

1. _____ ○
2. _____ ○
3. _____ ○
4. _____ ○
5. _____ ○
6. _____ ○
7. _____ ○
8. _____ ○
9. _____ ○
10. _____ ○

What I Spent

item   amount
1. _____
2. _____
3. _____

water:

sleep   exercise   reflection   reading

Did I do what I said
I would do today?   ☐ Yes ☐ No

To learn about how you can be more productive with "The 7 Minute Life"™ call 870.897.0845 or visit www.TheSevenMinuteDifference.com ©2009 Seven Minutes, Inc.

Appointments

7:00 _____
8:00 _____
9:00 _____
10:00 _____
11:00 _____
12:00 _____
1:00 _____
2:00 _____
3:00 _____
4:00 _____
5:00 _____
6:00 _____
7:00 _____
8:00 _____
9:00 _____
10:00 _____

Thank You Notes

1. _____
2. _____
3. _____

Voice Mail

name   number

_____
_____
_____
_____
_____
_____
_____
_____
_____
_____

prioritize.   organize.   simplify. ®

daily progress report

Minute Life

Daily Contacts

___
___
___
___
1. _____
___
2. _____
___
3. _____
___
4. _____
___
5. _____
___
6. _____
___
7. _____
___
8. _____
___
9. _____
___
10. _____
___
11. _____
___
12. _____
___
13. _____
___
14. _____
___
15. _____
___
16. _____
___
17. _____
___
18. _____
___
19. _____
___
20. _____
___
21. _____
___
22. _____
___
23. _____
___
24. _____
___
25. _____

What I will do... *5 before 11*™

1. _____
2. _____
3. _____
4. _____
5. _____

"7 Minute Life" Connections

1. _____
2. _____
3. _____

Unfinished Tasks

1. _____
2. _____
3. _____
4. _____
5. _____
6. _____
7. _____
8. _____
9. _____
10. _____

What I Spent

item   amount

1. _____
2. _____
3. _____

water:

sleep   exercise   reflection   reading

Did I do what I said
I would do today?

Appointments

7:00 _____
8:00 _____
9:00 _____
10:00 _____
11:00 _____
12:00 _____
1:00 _____
2:00 _____
3:00 _____
4:00 _____
5:00 _____
6:00 _____
7:00 _____
8:00 _____
9:00 _____
10:00 _____

Voice Mail

name   number

Thank You Notes

1. _____
2. _____
3. _____

_____
_____
_____
_____
_____
_____
_____
_____
_____
_____
_____
_____
_____
_____

prioritize.   organize.   simplify. ®

Minute Life

daily progress report

S M T W Th F S
○ ○ ○ ○ ○ ○ ○ _____

date

Daily Contacts

1. _____
2. _____
3. _____
4. _____
5. _____
6. _____
7. _____
8. _____
9. _____
10. _____
11. _____
12. _____
13. _____
14. _____
15. _____
16. _____
17. _____
18. _____
19. _____
20. _____
21. _____
22. _____
23. _____
24. _____
25. _____

What I will do... *5 before 11*™

1. _____
2. _____
3. _____
4. _____
5. _____

"7 Minute Life" Connections

1. _____
2. _____
3. _____

Unfinished Tasks

1. _____
2. _____
3. _____
4. _____
5. _____
6. _____
7. _____
8. _____
9. _____
10. _____

What I Spent

item   amount

1. _____
2. _____
3. _____

water:

sleep   exercise   reflection   reading

Did I do what I said
I would do today?

To learn about how you can be more productive with "The 7 Minute Life"™ call 870.897.0845 or visit www.TheSevenMinuteDifference.com

Appointments

7:00 _____
8:00 _____
9:00 _____
10:00 _____
11:00 _____
12:00 _____
1:00 _____
2:00 _____
3:00 _____
4:00 _____
5:00 _____
6:00 _____
7:00 _____
8:00 _____
9:00 _____
10:00 _____

Thank You Notes

1. _____
2. _____
3. _____

Voice Mail

name   number

_____
_____
_____
_____
_____
_____
_____
_____
_____
_____
_____
_____
_____
_____

prioritize. organize. simplify. ®

Minute Life

daily progress report

Daily Contacts

1. _____
2. _____
3. _____
4. _____
5. _____
6. _____
7. _____
8. _____
9. _____
10. _____
11. _____
12. _____
13. _____
14. _____
15. _____
16. _____
17. _____
18. _____
19. _____
20. _____
21. _____
22. _____
23. _____
24. _____
25. _____

What I will do... *5 before 11*™

1. _____
2. _____
3. _____
4. _____
5. _____

"7 Minute Life" Connections

1. _____
2. _____
3. _____

Unfinished Tasks

1. _____
2. _____
3. _____
4. _____
5. _____
6. _____
7. _____
8. _____
9. _____
10. _____

What I Spent

item   amount

1. _____
2. _____
3. _____

water:

sleep   exercise   reflection   reading

Did I do what I said
I would do today?

 To learn about how you can be more productive with "The 7 Minute Life"™ call 870.897.0845 or visit www.TheSevenMinuteDifference.com   ©2009 Seven Minutes, Inc.

Appointments

7:00 _____
8:00 _____
9:00 _____
10:00 _____
11:00 _____
12:00 _____
1:00 _____
2:00 _____
3:00 _____
4:00 _____
5:00 _____
6:00 _____
7:00 _____
8:00 _____
9:00 _____
10:00 _____

Voice Mail

name   number

Thank You Notes

1. _____
2. _____
3. _____

_____
_____
_____
_____
_____
_____
_____
_____
_____
_____
_____
_____
_____

prioritize.   organize.   simplify. ®

Minute Life

daily progress report

____ ## Daily Contacts

— 1. _____
— 2. _____
— 3. _____
— 4. _____
— 5. _____
— 6. _____
— 7. _____
— 8. _____
— 9. _____
— 10. _____
— 11. _____
— 12. _____
— 13. _____
— 14. _____
— 15. _____
— 16. _____
— 17. _____
— 18. _____
— 19. _____
— 20. _____
— 21. _____
— 22. _____
— 23. _____
— 24. _____
— 25. _____

What I will do... *5 before 11*™

1. _____
2. _____
3. _____
4. _____
5. _____

"7 Minute Life" Connections

1. _____
2. _____
3. _____

Unfinished Tasks

1. _____
2. _____
3. _____
4. _____
5. _____
6. _____
7. _____
8. _____
9. _____
10. _____

What I Spent

item	amount
1. _____	_____
2. _____	_____
3. _____	_____

water:

sleep   exercise   reflection   reading

Did I do what I said
I would do today?

  To learn about how you can be more productive with "The 7 Minute Life"™ call 870.897.0845 or visit www.TheSevenMinuteDifference.com   ©2009 Seven Minutes, Inc.

Appointments

7:00 _____
8:00 _____
9:00 _____
10:00 _____
11:00 _____
12:00 _____
1:00 _____
2:00 _____
3:00 _____
4:00 _____
5:00 _____
6:00 _____
7:00 _____
8:00 _____
9:00 _____
10:00 _____

Thank You Notes

1. _____
2. _____
3. _____

Voice Mail

name   number

prioritize. organize. simplify.

daily progress report

S M T W Th F S
○ ○ ○ ○ ○ ○ ○   _____
date

____ ## Daily Contacts

1. _____
2. _____
3. _____
4. _____
5. _____
6. _____
7. _____
8. _____
9. _____
10. _____
11. _____
12. _____
13. _____
14. _____
15. _____
16. _____
17. _____
18. _____
19. _____
20. _____
21. _____
22. _____
23. _____
24. _____
25. _____

What I will do... *5 before 11*™

1. _____
2. _____
3. _____
4. _____
5. _____

"7 Minute Life" Connections

1. _____
2. _____
3. _____

Unfinished Tasks

1. _____
2. _____
3. _____
4. _____
5. _____
6. _____
7. _____
8. _____
9. _____
10. _____

What I Spent

item   amount

1. _____
2. _____
3. _____

water:

sleep   exercise   reflection   reading

Did I do what I said
I would do today?

 To learn about how you can be more productive with "The 7 Minute Life"™ call 870.897.0845 or visit www.TheSevenMinuteDifference.com   ©2009 Seven Minutes, Inc.

Appointments

7:00 _____
8:00 _____
9:00 _____
10:00 _____
11:00 _____
12:00 _____
1:00 _____
2:00 _____
3:00 _____
4:00 _____
5:00 _____
6:00 _____
7:00 _____
8:00 _____
9:00 _____
10:00 _____

Thank You Notes

1. _____
2. _____
3. _____

Voice Mail

name   number

_____
_____
_____
_____
_____
_____
_____
_____
_____
_____
_____
_____
_____

prioritize. organize. simplify.

daily progress report

Minute Life

Daily Contacts

___
___
___ 1. _____
___ 2. _____
___ 3. _____
___ 4. _____
___ 5. _____
___ 6. _____
___ 7. _____
___ 8. _____
___ 9. _____
___ 10. _____
___ 11. _____
___ 12. _____
___ 13. _____
___ 14. _____
___ 15. _____
___ 16. _____
___ 17. _____
___ 18. _____
___ 19. _____
___ 20. _____
___ 21. _____
___ 22. _____
___ 23. _____
___ 24. _____
___ 25. _____

What I will do... *5 before 11*™

1. _____
2. _____
3. _____
4. _____
5. _____

"7 Minute Life" Connections

1. _____
2. _____
3. _____

Unfinished Tasks

1. _____
2. _____
3. _____
4. _____
5. _____
6. _____
7. _____
8. _____
9. _____
10. _____

What I Spent

item	amount
1.	
2.	
3.	

water:

sleep   exercise   reflection   reading

Did I do what I said
I would do today?   ☐ Yes ☐ No

 To learn about how you can be more productive with "The 7 Minute Life"™ call 870.897.0845 or visit www.TheSevenMinuteDifference.com   ©2009 Seven Minutes, Inc.

Appointments

7:00 _____
8:00 _____
9:00 _____
10:00 _____
11:00 _____
12:00 _____
1:00 _____
2:00 _____
3:00 _____
4:00 _____
5:00 _____
6:00 _____
7:00 _____
8:00 _____
9:00 _____
10:00 _____

Thank You Notes

1. _____
2. _____
3. _____

Voice Mail

name   number

prioritize.   organize.   simplify.

Minute Life

daily progress report

____
____
Daily Contacts
____
____
1. _____
____
2. _____
____
3. _____
____
4. _____
____
5. _____
____
6. _____
____
7. _____
____
8. _____
____
9. _____
____
10. _____
____
11. _____
____
12. _____
____
13. _____
____
14. _____
____
15. _____
____
16. _____
____
17. _____
____
18. _____
____
19. _____
____
20. _____
____
21. _____
____
22. _____
____
23. _____
____
24. _____
____
25. _____

What I will do... *5 before 11*™

1. _____
2. _____
3. _____
4. _____
5. _____

"7 Minute Life" Connections

1. _____
2. _____
3. _____

Unfinished Tasks

1. _____
2. _____
3. _____
4. _____
5. _____
6. _____
7. _____
8. _____
9. _____
10. _____

What I Spent

item   amount
1. _____
2. _____
3. _____

water:

sleep   exercise   reflection   reading

Did I do what I said
I would do today?

To learn about how you can be more productive with "The 7 Minute Life"™ call 870.897.0845 or visit www.TheSevenMinuteDifference.com   ©2009 Seven Minutes, Inc.

Appointments

7:00 _____
8:00 _____
9:00 _____
10:00 _____
11:00 _____
12:00 _____
1:00 _____
2:00 _____
3:00 _____
4:00 _____
5:00 _____
6:00 _____
7:00 _____
8:00 _____
9:00 _____
10:00 _____

Thank You Notes

1. _____
2. _____
3. _____

_____
_____
_____
_____
_____
_____
_____
_____
_____
_____
_____
_____
_____
_____
_____

prioritize.   organize.   simplify. ®

Minute Life

daily progress report

S M T W Th F S
○ ○ ○ ○ ○ ○ ○ _____

date

Daily Contacts

___
___
___ 1. _____
___ 2. _____
___ 3. _____
___ 4. _____
___ 5. _____
___ 6. _____
___ 7. _____
___ 8. _____
___ 9. _____
___ 10. _____
___ 11. _____
___ 12. _____
___ 13. _____
___ 14. _____
___ 15. _____
___ 16. _____
___ 17. _____
___ 18. _____
___ 19. _____
___ 20. _____
___ 21. _____
___ 22. _____
___ 23. _____
___ 24. _____
___ 25. _____

What I will do... *5 before 11*™

1. _____ ○
2. _____ ○
3. _____ ○
4. _____ ○
5. _____ ○

"7 Minute Life" Connections

1. _____ ○
2. _____ ○
3. _____ ○

Unfinished Tasks

1. _____ ○
2. _____ ○
3. _____ ○
4. _____ ○
5. _____ ○
6. _____ ○
7. _____ ○
8. _____ ○
9. _____ ○
10. _____ ○

What I Spent

item   amount

1. _____
2. _____
3. _____

water:

sleep   exercise   reflection   reading

Did I do what I said
I would do today?   Yes   No

To learn about how you can be more productive with "The 7 Minute Life"™ call 870.897.0845 or visit www.TheSevenMinuteDifference.com   ©2009 Seven Minutes, Inc.

Appointments

7:00 _____
8:00 _____
9:00 _____
10:00 _____
11:00 _____
12:00 _____
1:00 _____
2:00 _____
3:00 _____
4:00 _____
5:00 _____
6:00 _____
7:00 _____
8:00 _____
9:00 _____
10:00 _____

Thank You Notes

1. _____
2. _____
3. _____

name   number

_____
_____
_____
_____
_____
_____
_____
_____
_____
_____
_____
_____
_____
_____
_____

prioritize. organize. simplify. ®

Minute Life

daily progress report

_____
date

Daily Contacts

1. _____
2. _____
3. _____
4. _____
5. _____
6. _____
7. _____
8. _____
9. _____
10. _____
11. _____
12. _____
13. _____
14. _____
15. _____
16. _____
17. _____
18. _____
19. _____
20. _____
21. _____
22. _____
23. _____
24. _____
25. _____

What I will do... *5 before 11* ™

1. _____
2. _____
3. _____
4. _____
5. _____

"7 Minute Life" Connections

1. _____
2. _____
3. _____

Unfinished Tasks

1. _____
2. _____
3. _____
4. _____
5. _____
6. _____
7. _____
8. _____
9. _____
10. _____

What I Spent

item   amount

1. _____
2. _____
3. _____

water:

sleep   exercise   reflection   reading

Did I do what I said I would do today?

Appointments

7:00 _____

8:00 _____

9:00 _____

10:00 _____

11:00 _____

12:00 _____

1:00 _____

2:00 _____

3:00 _____

4:00 _____

5:00 _____

6:00 _____

7:00 _____

8:00 _____

9:00 _____

10:00 _____

Voice Mail

name   number

Thank You Notes

1. _____

2. _____

3. _____

_____
_____
_____
_____
_____
_____
_____
_____
_____
_____
_____
_____
_____
_____

prioritize. organize. simplify. ®

Minute Life

daily progress report

Daily Contacts

1. _____
2. _____
3. _____
4. _____
5. _____
6. _____
7. _____
8. _____
9. _____
10. _____
11. _____
12. _____
13. _____
14. _____
15. _____
16. _____
17. _____
18. _____
19. _____
20. _____
21. _____
22. _____
23. _____
24. _____
25. _____

What I will do... *5 before 11*™

1. _____
2. _____
3. _____
4. _____
5. _____

"7 Minute Life" Connections

1. _____
2. _____
3. _____

Unfinished Tasks

1. _____
2. _____
3. _____
4. _____
5. _____
6. _____
7. _____
8. _____
9. _____
10. _____

What I Spent

item	amount
1.	
2.	
3.	

water:

sleep   exercise   reflection   reading

Did I do what I said
I would do today?

Appointments

7:00 _____
8:00 _____
9:00 _____
10:00 _____
11:00 _____
12:00 _____
1:00 _____
2:00 _____
3:00 _____
4:00 _____
5:00 _____
6:00 _____
7:00 _____
8:00 _____
9:00 _____
10:00 _____

Thank You Notes

1. _____
2. _____
3. _____

Voice Mail

name　　　　　number

_____
_____
_____
_____
_____
_____
_____
_____
_____
_____
_____
_____
_____

prioritize.　organize.　simplify. ®

daily progress report

Minute Life

S M T W Th F S
○ ○ ○ ○ ○ ○ ○   _____
                          date

Daily Contacts

____
____
____ 1. _____
____ 2. _____
____ 3. _____
____ 4. _____
____ 5. _____
____ 6. _____
____ 7. _____
____ 8. _____
____ 9. _____
____ 10. _____
____ 11. _____
____ 12. _____
____ 13. _____
____ 14. _____
____ 15. _____
____ 16. _____
____ 17. _____
____ 18. _____
____ 19. _____
____ 20. _____
____ 21. _____
____ 22. _____
____ 23. _____
____ 24. _____
____ 25. _____

What I will do... *5 before 11*™

1. _____
2. _____
3. _____
4. _____
5. _____

"7 Minute Life" Connections

1. _____
2. _____
3. _____

Unfinished Tasks

1. _____
2. _____
3. _____
4. _____
5. _____
6. _____
7. _____
8. _____
9. _____
10. _____

What I Spent

item   amount

1. _____
2. _____
3. _____

water:

sleep   exercise   reflection   reading

Did I do what I said
I would do today?

To learn about how you can be more productive with "The 7 Minute Life"™ call 870.897.0845 or visit www.TheSevenMinuteDifference.com

Appointments

7:00 _____
8:00 _____
9:00 _____
10:00 _____
11:00 _____
12:00 _____
1:00 _____
2:00 _____
3:00 _____
4:00 _____
5:00 _____
6:00 _____
7:00 _____
8:00 _____
9:00 _____
10:00 _____

Voice Mail

name   number

Thank You Notes

1. _____
2. _____
3. _____

_____
_____
_____
_____
_____
_____
_____
_____
_____
_____
_____
_____
_____
_____

prioritize.   organize.   simplify. ®

Minute Life

daily progress report

S M T W Th F S
◯ ◯ ◯ ◯ ◯ ◯ ◯ _____

date

Daily Contacts

_____
_____
_____ 1. _____
_____ 2. _____
_____ 3. _____
_____ 4. _____
_____ 5. _____
_____ 6. _____
_____ 7. _____
_____ 8. _____
_____ 9. _____
_____ 10. _____
_____ 11. _____
_____ 12. _____
_____ 13. _____
_____ 14. _____
_____ 15. _____
_____ 16. _____
_____ 17. _____
_____ 18. _____
_____ 19. _____
_____ 20. _____
_____ 21. _____
_____ 22. _____
_____ 23. _____
_____ 24. _____
_____ 25. _____

What I will do... *5 before 11*™

1. _____
2. _____
3. _____
4. _____
5. _____

"7 Minute Life" Connections

1. _____
2. _____
3. _____

Unfinished Tasks

1. _____
2. _____
3. _____
4. _____
5. _____
6. _____
7. _____
8. _____
9. _____
10. _____

What I Spent

item   amount

1. _____
2. _____
3. _____

water:

sleep   exercise   reflection   reading

breakfast   lunch   dinner

snack   snack

Did I do what I said
I would do today?   ☐ Yes ☐ No

188   *To learn about how you can be more productive with "The 7 Minute Life"™ call 870.897.0845 or visit www.TheSevenMinuteDifference.com*   ©2009 Seven Minutes, Inc.

Appointments

7:00 _____
8:00 _____
9:00 _____
10:00 _____
11:00 _____
12:00 _____
1:00 _____
2:00 _____
3:00 _____
4:00 _____
5:00 _____
6:00 _____
7:00 _____
8:00 _____
9:00 _____
10:00 _____

Thank You Notes

1. _____
2. _____
3. _____

Voice Mail

name   number

_____
_____
_____
_____
_____
_____
_____
_____
_____
_____
_____
_____
_____
_____
_____
_____
_____
_____

prioritize.   organize.   simplify. ®

Minute Life

daily progress report

____
____
____
Daily Contacts

____ 1. _____
____ 2. _____
____ 3. _____
____ 4. _____
____ 5. _____
____ 6. _____
____ 7. _____
____ 8. _____
____ 9. _____
____ 10. _____
____ 11. _____
____ 12. _____
____ 13. _____
____ 14. _____
____ 15. _____
____ 16. _____
____ 17. _____
____ 18. _____
____ 19. _____
____ 20. _____
____ 21. _____
____ 22. _____
____ 23. _____
____ 24. _____
____ 25. _____

What I will do... *5 before 11*™

1. _____
2. _____
3. _____
4. _____
5. _____

"7 Minute Life" Connections

1. _____
2. _____
3. _____

Unfinished Tasks

1. _____
2. _____
3. _____
4. _____
5. _____
6. _____
7. _____
8. _____
9. _____
10. _____

What I Spent

item   amount

1. _____
2. _____
3. _____

water:

sleep   exercise   reflection   reading

Did I do what I said
I would do today?

 To learn about how you can be more productive with "The 7 Minute Life"™ call 870.897.0845 or visit www.TheSevenMinuteDifference.com   ©2009 Seven Minutes, Inc.

Appointments

7:00 _____
8:00 _____
9:00 _____
10:00 _____
11:00 _____
12:00 _____
1:00 _____
2:00 _____
3:00 _____
4:00 _____
5:00 _____
6:00 _____
7:00 _____
8:00 _____
9:00 _____
10:00 _____

Thank You Notes

1. _____
2. _____
3. _____

Voice Mail

name   number

prioritize.   organize.   simplify. ®

©2009 Seven Minutes, Inc.

daily progress report

S M T W Th F S
○ ○ ○ ○ ○ ○ ○ _____

date

	Daily Contacts
___	
___	1. _____
___	2. _____
___	3. _____
___	4. _____
___	5. _____
___	6. _____
___	7. _____
___	8. _____
___	9. _____
___	10. _____
___	11. _____
___	12. _____
___	13. _____
___	14. _____
___	15. _____
___	16. _____
___	17. _____
___	18. _____
___	19. _____
___	20. _____
___	21. _____
___	22. _____
___	23. _____
___	24. _____
___	25. _____

What I will do... *5 before 11*™

1. _____
2. _____
3. _____
4. _____
5. _____

"7 Minute Life" Connections

1. _____
2. _____
3. _____

Unfinished Tasks

1. _____
2. _____
3. _____
4. _____
5. _____
6. _____
7. _____
8. _____
9. _____
10. _____

What I Spent

item	amount
1. _____	
2. _____	
3. _____	

water:

sleep   exercise   reflection   reading

Did I do what I said
I would do today?

To learn about how you can be more productive with "The 7 Minute Life"™ call 870.897.0845 or visit www.TheSevenMinuteDifference.com

Appointments

7:00 _____
8:00 _____
9:00 _____
10:00 _____
11:00 _____
12:00 _____
1:00 _____
2:00 _____
3:00 _____
4:00 _____
5:00 _____
6:00 _____
7:00 _____
8:00 _____
9:00 _____
10:00 _____

Thank You Notes

1. _____
2. _____
3. _____

Voice Mail

name	number

Minute Life

daily progress report

Daily Contacts

____
____
____ 1. _____
____
____ 2. _____
____
____ 3. _____
____
____ 4. _____
____
____ 5. _____
____
____ 6. _____
____
____ 7. _____
____
____ 8. _____
____
____ 9. _____
____
____ 10. _____
____
____ 11. _____
____
____ 12. _____
____
____ 13. _____
____
____ 14. _____
____
____ 15. _____
____
____ 16. _____
____
____ 17. _____
____
____ 18. _____
____
____ 19. _____
____
____ 20. _____
____
____ 21. _____
____
____ 22. _____
____
____ 23. _____
____
____ 24. _____
____
____ 25. _____

What I will do... *5 before 11*™

1. _____
2. _____
3. _____
4. _____
5. _____

"7 Minute Life" Connections

1. _____
2. _____
3. _____

Unfinished Tasks

1. _____
2. _____
3. _____
4. _____
5. _____
6. _____
7. _____
8. _____
9. _____
10. _____

What I Spent

item   amount

1. _____
2. _____
3. _____

water:

sleep   exercise   reflection   reading

Did I do what I said
I would do today?

Appointments

7:00 _____
8:00 _____
9:00 _____
10:00 _____
11:00 _____
12:00 _____
1:00 _____
2:00 _____
3:00 _____
4:00 _____
5:00 _____
6:00 _____
7:00 _____
8:00 _____
9:00 _____
10:00 _____

Voice Mail

name   number

Thank You Notes

1. _____
2. _____
3. _____

_____
_____
_____
_____
_____
_____
_____
_____
_____
_____
_____
_____
_____
_____

prioritize.   organize.   simplify.

Minute Life

daily progress report

S M T W Th F S
○ ○ ○ ○ ○ ○ ○   _____

date

Daily Contacts

1. _____
2. _____
3. _____
4. _____
5. _____
6. _____
7. _____
8. _____
9. _____
10. _____
11. _____
12. _____
13. _____
14. _____
15. _____
16. _____
17. _____
18. _____
19. _____
20. _____
21. _____
22. _____
23. _____
24. _____
25. _____

What I will do... *5 before 11*™

1. _____
2. _____
3. _____
4. _____
5. _____

"7 Minute Life" Connections

1. _____
2. _____
3. _____

Unfinished Tasks

1. _____
2. _____
3. _____
4. _____
5. _____
6. _____
7. _____
8. _____
9. _____
10. _____

What I Spent

item   amount

1. _____
2. _____
3. _____

water:

sleep   exercise   reflection   reading

Did I do what I said
I would do today?   Yes   No

To learn about how you can be more productive with "The 7 Minute Life"™ call 870.897.0845 or visit www.TheSevenMinuteDifference.com   ©2009 Seven Minutes, Inc.

Appointments

7:00 _____
8:00 _____
9:00 _____
10:00 _____
11:00 _____
12:00 _____
1:00 _____
2:00 _____
3:00 _____
4:00 _____
5:00 _____
6:00 _____
7:00 _____
8:00 _____
9:00 _____
10:00 _____

Thank You Notes

1. _____
2. _____
3. _____

name   number

_____
_____
_____
_____
_____
_____
_____
_____
_____
_____
_____
_____
_____
_____
_____

prioritize.   organize.   simplify.

Minute Life

daily progress report

Daily Contacts

____
____
____ 1. _____
____ 2. _____
____ 3. _____
____ 4. _____
____ 5. _____
____ 6. _____
____ 7. _____
____ 8. _____
____ 9. _____
____ 10. _____
____ 11. _____
____ 12. _____
____ 13. _____
____ 14. _____
____ 15. _____
____ 16. _____
____ 17. _____
____ 18. _____
____ 19. _____
____ 20. _____
____ 21. _____
____ 22. _____
____ 23. _____
____ 24. _____
____ 25. _____

What I will do... *5 before 11*™

1. _____
2. _____
3. _____
4. _____
5. _____

"7 Minute Life" Connections

1. _____
2. _____
3. _____

Unfinished Tasks

1. _____
2. _____
3. _____
4. _____
5. _____
6. _____
7. _____
8. _____
9. _____
10. _____

What I Spent

item   amount
1. _____
2. _____
3. _____

water:

sleep   exercise   reflection   reading

Did I do what I said
I would do today?

Appointments

name   number

7:00 _____
8:00 _____
9:00 _____
10:00 _____
11:00 _____
12:00 _____
1:00 _____
2:00 _____
3:00 _____
4:00 _____
5:00 _____
6:00 _____
7:00 _____
8:00 _____
9:00 _____
10:00 _____

Thank You Notes

1. _____
2. _____
3. _____

_____
_____
_____
_____
_____
_____
_____
_____
_____
_____
_____
_____
_____
_____
_____

prioritize.   organize.   simplify. ®

Minute Life

daily progress report

S M T W Th F S
○ ○ ○ ○ ○ ○ ○   _____

date

Daily Contacts

___

1. _____
2. _____
3. _____
4. _____
5. _____
6. _____
7. _____
8. _____
9. _____
10. _____
11. _____
12. _____
13. _____
14. _____
15. _____
16. _____
17. _____
18. _____
19. _____
20. _____
21. _____
22. _____
23. _____
24. _____
25. _____

What I will do... *5 before 11* ™

1. _____
2. _____
3. _____
4. _____
5. _____

"7 Minute Life" Connections

1. _____
2. _____
3. _____

Unfinished Tasks

1. _____
2. _____
3. _____
4. _____
5. _____
6. _____
7. _____
8. _____
9. _____
10. _____

What I Spent

item   amount

1. _____
2. _____
3. _____

water:

sleep   exercise   reflection   reading

Did I do what I said
I would do today?

To learn about how you can be more productive with "The 7 Minute Life"™ call 870.897.0845 or visit www.TheSevenMinuteDifference.com ©2009 Seven Minutes, Inc.

Appointments

7:00 _____
8:00 _____
9:00 _____
10:00 _____
11:00 _____
12:00 _____
1:00 _____
2:00 _____
3:00 _____
4:00 _____
5:00 _____
6:00 _____
7:00 _____
8:00 _____
9:00 _____
10:00 _____

Thank You Notes

1. _____
2. _____
3. _____

Voice Mail

name   number

_____
_____
_____
_____
_____
_____
_____
_____
_____
_____
_____
_____
_____
_____
_____

prioritize. organize. simplify. ®

Minute Life

daily progress report

S M T W Th F S
○ ○ ○ ○ ○ ○ ○ _____

date

Daily Contacts

____
____
____   1. _____
____   2. _____
____   3. _____
____   4. _____
____   5. _____
____   6. _____
____   7. _____
____   8. _____
____   9. _____
____ 10. _____
____ 11. _____
____ 12. _____
____ 13. _____
____ 14. _____
____ 15. _____
____ 16. _____
____ 17. _____
____ 18. _____
____ 19. _____
____ 20. _____
____ 21. _____
____ 22. _____
____ 23. _____
____ 24. _____
____ 25. _____

What I will do... *5 before 11*™

1. _____
2. _____
3. _____
4. _____
5. _____

"7 Minute Life" Connections

1. _____
2. _____
3. _____

Unfinished Tasks

1. _____
2. _____
3. _____
4. _____
5. _____
6. _____
7. _____
8. _____
9. _____
10. _____

What I Spent

item   amount

1. _____
2. _____
3. _____

water:

sleep   exercise   reflection   reading

Did I do what I said
I would do today?   Yes   No

202   *To learn about how you can be more productive with "The 7 Minute Life"™ call 870.897.0845 or visit www.TheSevenMinuteDifference.com*   ©2009 Seven Minutes, Inc.

Appointments

7:00 _____

8:00 _____

9:00 _____

10:00 _____

11:00 _____

12:00 _____

1:00 _____

2:00 _____

3:00 _____

4:00 _____

5:00 _____

6:00 _____

7:00 _____

8:00 _____

9:00 _____

10:00 _____

Thank You Notes

1. _____

2. _____

3. _____

_____

_____

_____

_____

_____

_____

_____

_____

_____

_____

_____

_____

_____

_____

prioritize.   organize.   simplify. ®

Minute Life

daily progress report

S M T W Th F S
○ ○ ○ ○ ○   ○ ○   _____

date

Daily Contacts

1. _____
2. _____
3. _____
4. _____
5. _____
6. _____
7. _____
8. _____
9. _____
10. _____
11. _____
12. _____
13. _____
14. _____
15. _____
16. _____
17. _____
18. _____
19. _____
20. _____
21. _____
22. _____
23. _____
24. _____
25. _____

What I will do... *5 before 11*™

1. _____
2. _____
3. _____
4. _____
5. _____

"7 Minute Life" Connections

1. _____
2. _____
3. _____

Unfinished Tasks

1. _____
2. _____
3. _____
4. _____
5. _____
6. _____
7. _____
8. _____
9. _____
10. _____

What I Spent

item   amount

1. _____
2. _____
3. _____

water:

sleep   exercise   reflection   reading

Did I do what I said
I would do today?   Yes   No

To learn about how you can be more productive with "The 7 Minute Life"™ call 870.897.0845 or visit www.TheSevenMinuteDifference.com   ©2009 Seven Minutes, Inc.

Appointments

7:00 _____
8:00 _____
9:00 _____
10:00 _____
11:00 _____
12:00 _____
1:00 _____
2:00 _____
3:00 _____
4:00 _____
5:00 _____
6:00 _____
7:00 _____
8:00 _____
9:00 _____
10:00 _____

Thank You Notes

1. _____
2. _____
3. _____

name   number

prioritize.   organize.   simplify. ®

daily progress report

S M T W Th F S
○ ○ ○ ○ ○ ○ ○   _____

date

Daily Contacts

1. _____
2. _____
3. _____
4. _____
5. _____
6. _____
7. _____
8. _____
9. _____
10. _____
11. _____
12. _____
13. _____
14. _____
15. _____
16. _____
17. _____
18. _____
19. _____
20. _____
21. _____
22. _____
23. _____
24. _____
25. _____

What I will do... *5 before 11*™

1. _____
2. _____
3. _____
4. _____
5. _____

"7 Minute Life" Connections

1. _____
2. _____
3. _____

Unfinished Tasks

1. _____
2. _____
3. _____
4. _____
5. _____
6. _____
7. _____
8. _____
9. _____
10. _____

What I Spent

item   amount

1. _____
2. _____
3. _____

water:

sleep   exercise   reflection   reading

Did I do what I said I would do today?

 To learn about how you can be more productive with "The 7 Minute Life"™ call 870.897.0845 or visit www.TheSevenMinuteDifference.com   ©2009 Seven Minutes, Inc.

Appointments

7:00 _____
8:00 _____
9:00 _____
10:00 _____
11:00 _____
12:00 _____
1:00 _____
2:00 _____
3:00 _____
4:00 _____
5:00 _____
6:00 _____
7:00 _____
8:00 _____
9:00 _____
10:00 _____

Thank You Notes

1. _____
2. _____
3. _____

Voice Mail

name   number

_____
_____
_____
_____
_____
_____
_____
_____
_____
_____
_____
_____
_____
_____
_____
_____

prioritize.   organize.   simplify. ®

Minute Life

daily progress report

Daily Contacts

_____

1. _____
2. _____
3. _____
4. _____
5. _____
6. _____
7. _____
8. _____
9. _____
10. _____
11. _____
12. _____
13. _____
14. _____
15. _____
16. _____
17. _____
18. _____
19. _____
20. _____
21. _____
22. _____
23. _____
24. _____
25. _____

What I will do... *5 before 11*™

1. _____
2. _____
3. _____
4. _____
5. _____

"7 Minute Life" Connections

1. _____
2. _____
3. _____

Unfinished Tasks

1. _____
2. _____
3. _____
4. _____
5. _____
6. _____
7. _____
8. _____
9. _____
10. _____

What I Spent

item   amount

1. _____
2. _____
3. _____

water:

sleep   exercise   reflection   reading

Did I do what I said
I would do today?

Appointments

7:00 _____
8:00 _____
9:00 _____
10:00 _____
11:00 _____
12:00 _____
1:00 _____
2:00 _____
3:00 _____
4:00 _____
5:00 _____
6:00 _____
7:00 _____
8:00 _____
9:00 _____
10:00 _____

Thank You Notes

1. _____
2. _____
3. _____

name   number

_____
_____
_____
_____
_____
_____
_____
_____
_____
_____
_____
_____
_____
_____
_____

prioritize.   organize.   simplify. ®

Minute Life

daily progress report

S M T W Th F S
○ ○ ○ ○ ○ ○ ○ _____

date

Daily Contacts

---
1. _____
2. _____
3. _____
4. _____
5. _____
6. _____
7. _____
8. _____
9. _____
10. _____
11. _____
12. _____
13. _____
14. _____
15. _____
16. _____
17. _____
18. _____
19. _____
20. _____
21. _____
22. _____
23. _____
24. _____
25. _____

What I will do... *5 before 11*™

1. _____
2. _____
3. _____
4. _____
5. _____

"7 Minute Life" Connections

1. _____
2. _____
3. _____

Unfinished Tasks

1. _____
2. _____
3. _____
4. _____
5. _____
6. _____
7. _____
8. _____
9. _____
10. _____

What I Spent

item   amount
1. _____
2. _____
3. _____

water:

sleep   exercise   reflection   reading

Did I do what I said
I would do today?

 To learn about how you can be more productive with "The 7 Minute Life"™ call 870.897.0845 or visit www.TheSevenMinuteDifference.com   ©2009 Seven Minutes, Inc.

Appointments

7:00 _____
8:00 _____
9:00 _____
10:00 _____
11:00 _____
12:00 _____
1:00 _____
2:00 _____
3:00 _____
4:00 _____
5:00 _____
6:00 _____
7:00 _____
8:00 _____
9:00 _____
10:00 _____

Thank You Notes

1. _____
2. _____
3. _____

name   number

prioritize. organize. simplify. ®

Minute Life

daily progress report

S M T W Th F S
○ ○ ○ ○ ○ ○ ○ _____

date

Daily Contacts

____
____
____
____ 1. _____
____ 2. _____
____ 3. _____
____ 4. _____
____ 5. _____
____ 6. _____
____ 7. _____
____ 8. _____
____ 9. _____
____ 10. _____
____ 11. _____
____ 12. _____
____ 13. _____
____ 14. _____
____ 15. _____
____ 16. _____
____ 17. _____
____ 18. _____
____ 19. _____
____ 20. _____
____ 21. _____
____ 22. _____
____ 23. _____
____ 24. _____
____ 25. _____

What I will do... *5 before 11*™

1. _____ ○
2. _____ ○
3. _____ ○
4. _____ ○
5. _____ ○

"7 Minute Life" Connections

1. _____ ○
2. _____ ○
3. _____ ○

Unfinished Tasks

1. _____ ○
2. _____ ○
3. _____ ○
4. _____ ○
5. _____ ○
6. _____ ○
7. _____ ○
8. _____ ○
9. _____ ○
10. _____ ○

What I Spent

item   amount
1. _____
2. _____
3. _____

water:

sleep   exercise   reflection   reading

Did I do what I said
I would do today?

 To learn about how you can be more productive with "The 7 Minute Life"™™ call 870.897.0845 or visit www.TheSevenMinuteDifference.com   ©2009 Seven Minutes, Inc.

Appointments

7:00 _____
8:00 _____
9:00 _____
10:00 _____
11:00 _____
12:00 _____
1:00 _____
2:00 _____
3:00 _____
4:00 _____
5:00 _____
6:00 _____
7:00 _____
8:00 _____
9:00 _____
10:00 _____

Thank You Notes

1. _____
2. _____
3. _____

Voice Mail

name   number

_____
_____
_____
_____
_____
_____
_____
_____
_____
_____
_____
_____
_____
_____

prioritize. organize. simplify. ®

daily progress report

S M T W Th F S

_____
date

Daily Contacts

1. _____
2. _____
3. _____
4. _____
5. _____
6. _____
7. _____
8. _____
9. _____
10. _____
11. _____
12. _____
13. _____
14. _____
15. _____
16. _____
17. _____
18. _____
19. _____
20. _____
21. _____
22. _____
23. _____
24. _____
25. _____

What I will do... *5 before 11*™

1. _____
2. _____
3. _____
4. _____
5. _____

"7 Minute Life" Connections

1. _____
2. _____
3. _____

Unfinished Tasks

1. _____
2. _____
3. _____
4. _____
5. _____
6. _____
7. _____
8. _____
9. _____
10. _____

What I Spent

item	amount
1.	
2.	
3.	

water:

sleep   exercise   reflection   reading

Did I do what I said
I would do today?

 To learn about how you can be more productive with "The 7 Minute Life"™™ call 870.897.0845 or visit www.TheSevenMinuteDifference.com   ©2009 Seven Minutes, Inc.

Appointments

7:00 _____

8:00 _____

9:00 _____

10:00 _____

11:00 _____

12:00 _____

1:00 _____

2:00 _____

3:00 _____

4:00 _____

5:00 _____

6:00 _____

7:00 _____

8:00 _____

9:00 _____

10:00 _____

Thank You Notes

1. _____

2. _____

3. _____

Voice Mail

name   number

_____

_____

_____

_____

_____

_____

_____

_____

_____

_____

_____

_____

_____

prioritize.   organize.   simplify. ®

Minute Life

daily progress report

Daily Contacts

___
___
___   1. _____
___   2. _____
___   3. _____
___   4. _____
___   5. _____
___   6. _____
___   7. _____
___   8. _____
___   9. _____
___   10. _____
___   11. _____
___   12. _____
___   13. _____
___   14. _____
___   15. _____
___   16. _____
___   17. _____
___   18. _____
___   19. _____
___   20. _____
___   21. _____
___   22. _____
___   23. _____
___   24. _____
___   25. _____

What I will do... *5 before 11*™

1. _____
2. _____
3. _____
4. _____
5. _____

"7 Minute Life" Connections

1. _____
2. _____
3. _____

Unfinished Tasks

1. _____
2. _____
3. _____
4. _____
5. _____
6. _____
7. _____
8. _____
9. _____
10. _____

What I Spent

item   amount
1. _____
2. _____
3. _____

water:

sleep   exercise   reflection   reading

Did I do what I said
I would do today?

   To learn about how you can be more productive with "The 7 Minute Life"™ call 870.897.0845 or visit www.TheSevenMinuteDifference.com   ©2009 Seven Minutes, Inc.

Appointments

7:00	_____
8:00	_____
9:00	_____
10:00	_____
11:00	_____
12:00	_____
1:00	_____
2:00	_____
3:00	_____
4:00	_____
5:00	_____
6:00	_____
7:00	_____
8:00	_____
9:00	_____
10:00	_____

Voice Mail

name   number

Thank You Notes

1. _____
2. _____
3. _____

prioritize. organize. simplify.

Minute Life

daily progress report

S M T W Th F S
○ ○ ○ ○ ○   ○ ○   _____

date

Daily Contacts

___
___
___ 1. _____
___ 2. _____
___ 3. _____
___ 4. _____
___ 5. _____
___ 6. _____
___ 7. _____
___ 8. _____
___ 9. _____
___ 10. _____
___ 11. _____
___ 12. _____
___ 13. _____
___ 14. _____
___ 15. _____
___ 16. _____
___ 17. _____
___ 18. _____
___ 19. _____
___ 20. _____
___ 21. _____
___ 22. _____
___ 23. _____
___ 24. _____
___ 25. _____

What I will do... *5 before 11*™

1. _____
2. _____
3. _____
4. _____
5. _____

"7 Minute Life" Connections

1. _____
2. _____
3. _____

Unfinished Tasks

1. _____
2. _____
3. _____
4. _____
5. _____
6. _____
7. _____
8. _____
9. _____
10. _____

What I Spent

item   amount

1. _____
2. _____
3. _____

water:

sleep   exercise   reflection   reading

Did I do what I said
I would do today?

To learn about how you can be more productive with "The 7 Minute Life"™ call 870.897.0845 or visit www.TheSevenMinuteDifference.com   ©2009 Seven Minutes, Inc.

Appointments

7:00 _____
8:00 _____
9:00 _____
10:00 _____
11:00 _____
12:00 _____
1:00 _____
2:00 _____
3:00 _____
4:00 _____
5:00 _____
6:00 _____
7:00 _____
8:00 _____
9:00 _____
10:00 _____

Voice Mail

name   number

Thank You Notes

1. _____
2. _____
3. _____

_____
_____
_____
_____
_____
_____
_____
_____
_____
_____
_____
_____
_____
_____

prioritize. organize. simplify. ®

Minute Life

daily progress report

Daily Contacts

1. _____
2. _____
3. _____
4. _____
5. _____
6. _____
7. _____
8. _____
9. _____
10. _____
11. _____
12. _____
13. _____
14. _____
15. _____
16. _____
17. _____
18. _____
19. _____
20. _____
21. _____
22. _____
23. _____
24. _____
25. _____

What I will do... *5 before 11*™

1. _____
2. _____
3. _____
4. _____
5. _____

"7 Minute Life" Connections

1. _____
2. _____
3. _____

Unfinished Tasks

1. _____
2. _____
3. _____
4. _____
5. _____
6. _____
7. _____
8. _____
9. _____
10. _____

What I Spent

item   amount

1. _____
2. _____
3. _____

water:

sleep   exercise   reflection   reading

Did I do what I said
I would do today?

To learn about how you can be more productive with "The 7 Minute Life"™ call 870.897.0845 or visit www.TheSevenMinuteDifference.com

Appointments

7:00 _____
8:00 _____
9:00 _____
10:00 _____
11:00 _____
12:00 _____
1:00 _____
2:00 _____
3:00 _____
4:00 _____
5:00 _____
6:00 _____
7:00 _____
8:00 _____
9:00 _____
10:00 _____

Thank You Notes

1. _____
2. _____
3. _____

Voice Mail

name   number

_____
_____
_____
_____
_____
_____
_____
_____
_____
_____
_____
_____
_____
_____

prioritize.   organize.   simplify. ®

daily progress report

Minute Life

S M T W Th F S _____
○ ○ ○ ○ ○ ○ ○
date

Daily Contacts

___ 1. _____
___ 2. _____
___ 3. _____
___ 4. _____
___ 5. _____
___ 6. _____
___ 7. _____
___ 8. _____
___ 9. _____
___ 10. _____
___ 11. _____
___ 12. _____
___ 13. _____
___ 14. _____
___ 15. _____
___ 16. _____
___ 17. _____
___ 18. _____
___ 19. _____
___ 20. _____
___ 21. _____
___ 22. _____
___ 23. _____
___ 24. _____
___ 25. _____

What I will do... *5 before 11*™

1. _____
2. _____
3. _____
4. _____
5. _____

"7 Minute Life" Connections

1. _____
2. _____
3. _____

Unfinished Tasks

1. _____
2. _____
3. _____
4. _____
5. _____
6. _____
7. _____
8. _____
9. _____
10. _____

What I Spent

item   amount
1. _____
2. _____
3. _____

water:

sleep   exercise   reflection   reading

Did I do what I said
I would do today?

 To learn about how you can be more productive with "The 7 Minute Life"™ call 870.897.0845 or visit www.TheSevenMinuteDifference.com   ©2009 Seven Minutes, Inc.

Appointments

7:00 _____
8:00 _____
9:00 _____
10:00 _____
11:00 _____
12:00 _____
1:00 _____
2:00 _____
3:00 _____
4:00 _____
5:00 _____
6:00 _____
7:00 _____
8:00 _____
9:00 _____
10:00 _____

Thank You Notes

1. _____
2. _____
3. _____

Voice Mail

name   number

_____
_____
_____
_____
_____
_____
_____
_____
_____
_____
_____
_____
_____

prioritize. organize. simplify. ®

Minute Life

daily progress report

Daily Contacts

___
___
___ 1. _____
___ 2. _____
___ 3. _____
___ 4. _____
___ 5. _____
___ 6. _____
___ 7. _____
___ 8. _____
___ 9. _____
___ 10. _____
___ 11. _____
___ 12. _____
___ 13. _____
___ 14. _____
___ 15. _____
___ 16. _____
___ 17. _____
___ 18. _____
___ 19. _____
___ 20. _____
___ 21. _____
___ 22. _____
___ 23. _____
___ 24. _____
___ 25. _____

What I will do... *5 before 11*™

1. _____
2. _____
3. _____
4. _____
5. _____

"7 Minute Life" Connections

1. _____
2. _____
3. _____

Unfinished Tasks

1. _____
2. _____
3. _____
4. _____
5. _____
6. _____
7. _____
8. _____
9. _____
10. _____

What I Spent

item   amount
1. _____
2. _____
3. _____

water:

sleep   exercise   reflection   reading

Did I do what I said
I would do today?

Appointments

7:00 _____
8:00 _____
9:00 _____
10:00 _____
11:00 _____
12:00 _____
1:00 _____
2:00 _____
3:00 _____
4:00 _____
5:00 _____
6:00 _____
7:00 _____
8:00 _____
9:00 _____
10:00 _____

Thank You Notes

1. _____
2. _____
3. _____

Voice Mail

name   number

prioritize.   organize.   simplify.

daily progress report

Minute Life

Daily Contacts

____
____
____ 1. _____
____ 2. _____
____ 3. _____
____ 4. _____
____ 5. _____
____ 6. _____
____ 7. _____
____ 8. _____
____ 9. _____
____ 10. _____
____ 11. _____
____ 12. _____
____ 13. _____
____ 14. _____
____ 15. _____
____ 16. _____
____ 17. _____
____ 18. _____
____ 19. _____
____ 20. _____
____ 21. _____
____ 22. _____
____ 23. _____
____ 24. _____
____ 25. _____

What I will do... *5 before 11*™

1. _____ ○
2. _____ ○
3. _____ ○
4. _____ ○
5. _____ ○

"7 Minute Life" Connections

1. _____ ○
2. _____ ○
3. _____ ○

Unfinished Tasks

1. _____ ○
2. _____ ○
3. _____ ○
4. _____ ○
5. _____ ○
6. _____ ○
7. _____ ○
8. _____ ○
9. _____ ○
10. _____ ○

What I Spent

item   amount

1. _____
2. _____
3. _____

water:

sleep   exercise   reflection   reading

breakfast   lunch   dinner

snack   snack

Did I do what I said
I would do today?   Yes   No

To learn about how you can be more productive with "The 7 Minute Life"™ call 870.897.0845 or visit www.TheSevenMinuteDifference.com

Appointments

7:00 _____
8:00 _____
9:00 _____
10:00 _____
11:00 _____
12:00 _____
1:00 _____
2:00 _____
3:00 _____
4:00 _____
5:00 _____
6:00 _____
7:00 _____
8:00 _____
9:00 _____
10:00 _____

Thank You Notes

1. _____
2. _____
3. _____

Voice Mail

name   number

Voice Mail

name   number

_____
_____
_____
_____
_____
_____
_____
_____
_____
_____
_____
_____
_____
_____
_____
_____

prioritize.   organize.   simplify. ®

Minute Life

daily progress report

S M T W Th F S
○ ○ ○ ○ ○ ○ ○

_____
date

____
____
____
Daily Contacts

1. _____
2. _____
3. _____
4. _____
5. _____
6. _____
7. _____
8. _____
9. _____
10. _____
11. _____
12. _____
13. _____
14. _____
15. _____
16. _____
17. _____
18. _____
19. _____
20. _____
21. _____
22. _____
23. _____
24. _____
25. _____

What I will do... *5 before 11*™

1. _____
2. _____
3. _____
4. _____
5. _____

"7 Minute Life" Connections

1. _____
2. _____
3. _____

Unfinished Tasks

1. _____
2. _____
3. _____
4. _____
5. _____
6. _____
7. _____
8. _____
9. _____
10. _____

What I Spent

item   amount

1. _____
2. _____
3. _____

water:

sleep   exercise   reflection   reading

Did I do what I said
I would do today?   Yes   No

  To learn about how you can be more productive with "The 7 Minute Life"™ call 870.897.0845 or visit www.TheSevenMinuteDifference.com   ©2009 Seven Minutes, Inc.

Appointments

7:00 _____
8:00 _____
9:00 _____
10:00 _____
11:00 _____
12:00 _____
1:00 _____
2:00 _____
3:00 _____
4:00 _____
5:00 _____
6:00 _____
7:00 _____
8:00 _____
9:00 _____
10:00 _____

Thank You Notes

1. _____
2. _____
3. _____

Voice Mail

name   number

_____
_____
_____
_____
_____
_____
_____
_____
_____
_____
_____
_____
_____
_____
_____

prioritize.   organize.   simplify.

Minute Life

daily progress report

Daily Contacts

____

1. _____
2. _____
3. _____
4. _____
5. _____
6. _____
7. _____
8. _____
9. _____
10. _____
11. _____
12. _____
13. _____
14. _____
15. _____
16. _____
17. _____
18. _____
19. _____
20. _____
21. _____
22. _____
23. _____
24. _____
25. _____

What I will do... *5 before 11*™

1. _____
2. _____
3. _____
4. _____
5. _____

"7 Minute Life" Connections

1. _____
2. _____
3. _____

Unfinished Tasks

1. _____
2. _____
3. _____
4. _____
5. _____
6. _____
7. _____
8. _____
9. _____
10. _____

What I Spent

item	amount
1.	
2.	
3.	

water:

sleep   exercise   reflection   reading

**Did I do what I said
I would do today?**

Appointments

7:00 _____

8:00 _____

9:00 _____

10:00 _____

11:00 _____

12:00 _____

1:00 _____

2:00 _____

3:00 _____

4:00 _____

5:00 _____

6:00 _____

7:00 _____

8:00 _____

9:00 _____

10:00 _____

Thank You Notes

1. _____

2. _____

3. _____

Voice Mail

name   number

_____

_____

_____

_____

_____

_____

_____

_____

_____

_____

_____

_____

_____

_____

_____

prioritize.   organize.   simplify. ®

Minute Life

daily progress report

Daily Contacts

____
____
____   1. _____
____   2. _____
____   3. _____
____   4. _____
____   5. _____
____   6. _____
____   7. _____
____   8. _____
____   9. _____
____   10. _____
____   11. _____
____   12. _____
____   13. _____
____   14. _____
____   15. _____
____   16. _____
____   17. _____
____   18. _____
____   19. _____
____   20. _____
____   21. _____
____   22. _____
____   23. _____
____   24. _____
____   25. _____

What I will do... *5 before 11*™

1. _____
2. _____
3. _____
4. _____
5. _____

"7 Minute Life" Connections

1. _____
2. _____
3. _____

Unfinished Tasks

1. _____
2. _____
3. _____
4. _____
5. _____
6. _____
7. _____
8. _____
9. _____
10. _____

What I Spent

item	amount
1. _____	_____
2. _____	_____
3. _____	_____

water:

sleep   exercise   reflection   reading

Did I do what I said
I would do today?   Yes   No

Appointments

7:00 _____
8:00 _____
9:00 _____
10:00 _____
11:00 _____
12:00 _____
1:00 _____
2:00 _____
3:00 _____
4:00 _____
5:00 _____
6:00 _____
7:00 _____
8:00 _____
9:00 _____
10:00 _____

Thank You Notes

1. _____
2. _____
3. _____

_____
_____
_____
_____
_____
_____
_____
_____
_____
_____
_____
_____
_____
_____
_____

prioritize. organize. simplify.®

Notes

Date: _____

Minute Life

To learn about how you can be more productive with "The 7 Minute Life"™ call 870.897.0845 or visit www.TheSevenMinuteDifference.com © 2010 Seven Minutes, Inc.

Notes

Minute Life

Notes

Notes

Minute Life

Notes

_____

_____

_____

_____

_____

_____

_____

_____

_____

_____

_____

_____

_____

_____

_____

_____

_____

_____

_____

_____

_____

_____

_____

_____

_____

_____

_____

_____

_____

Notes

Date: _____

Minute Life

Notes

Notes

Date:

Notes

Notes

Minute Life

Notes

Notes

Date:

Notes

_____

_____

_____

_____

_____

_____

_____

_____

_____

_____

_____

_____

_____

_____

_____

_____

_____

_____

_____

_____

_____

_____

_____

_____

_____

_____

_____

_____

_____

Notes

Minute Life

Notes

Notes

Date:

Notes

To learn about how you can be more productive with "The 7 Minute Life"™ call 870.897.0845 or visit www.TheSevenMinuteDifference.com   © 2010 Seven Minutes, Inc.

Notes

Notes

Additional Web-Based Resources

Minute Life

http://www.thesevenminutedifference.com/resources/

The Seven Minute Difference™ | C...

Weekly Progress Report

What worked best this week?

What are our goals and deadlines for next week?

Monday

Tuesday

Wednesday

Thursday

Adjustments?

Friday

Saturday

Sunday

Action Steps for next week:
1.
2.
3.
4.
5.
6.
7.

Monthly Progress Report

What worked best this month?

What are our goals and deadlines for next month?

Sunday	Monday	Tuesday	Wednesday	Thursday	Friday	Saturday

Adjustments?

Action Steps for next month:
1.
2.
3.
4.
5.
6.
7.

Daily Task Checklist

✓ Daily Tasks

Travel Checklist

Name of Event: _____   Date of Event: _____
Contact Person: _____   Cell: _____
City: _____   State: _____
Hotel: _____   Address: _____
Time of Event: _____

○ Flight Reservations
   Airline leaving from (Name of City) _____
   Airline _____
   Flight # _____ Departing _____ Arriving _____
   Flight # _____ Departing _____ Arriving _____
○ Hotel Reservations
   Confirmation # _____
○ Ground Transportation
   Confirmation # _____
   ____ Take Shuttle to Hotel ____ Take Taxi to Hotel ____ Take Car Service to Hotel

Expenses:
Mileage _____
Air Fare _____
Hotel _____
Airport Parking _____
Tips _____   _____   _____   _____
Meals _____

Other: _____

Packing Checklist:
○ Work clothes
○ Evening clothes
○ Other clothes
○ Dress Shoes
○ Socks / Hose
○ Belt
○ Underwear
○ Sleepwear
○ Workout Clothes
○ Workout Shoes
○ Toiletries
○ Medicine
○ Cellphone plug
○ Business Cards
○ Airline Ticket
○ Supplies for Event
○ Money for Trip

Contacts made at event:
Name: _____   Phone #: _____

Home Repair

Repair	Contact	Phone
1.		
2.		
3.		
4.		
5.		
6.		
7.		
8.		
9.		
10.		
11.		
12.		
13.		
14.		
15.		
16.		
17.		
18.		
19.		
20.		
21.		
22.		
23.		
24.		
25.		
26.		
27.		
28.		
29.		
30.		

Clean Sweep Checklist

Clutter, procrastination, unfinished projects, poorly organized work flow systems and an outright overflow of paper are some of the common tolerations most financial advisors share. Creating a clean, organized work space is the point of the Clean Sweep Week. The following checklist should merely serve as a starting point for simplifying and improving your daily work environment.

1) _____ De-clutter your desk and credenza. Start with the top of your desk. Then move to each drawer and even through the old file folders.
2) _____ Set a goal to reduce the physical amount of paper in your office by 50%. If a file or a piece of paper is not absolutely necessary for helping you reach your goals – give yourself the freedom to throw it away.
3) _____ Make a decision during this Clean Sweep Week to touch each piece of paper only once. Do not leave an unfinished tasked unfinished, choose to tend to it, delegate it, trash it or place it in a time slot on your Outlook calendar when you will complete the task.
4) _____ Clean up and tend to your email folders—inbox, sent and deleted folders.
5) _____ Call your computer support hotline and fix any nagging computer issues that have not been fully resolved.
6) _____ Make sure your written correspondence is up-to-date. Have you written all of the letters and thank you notes you need to write? Make a list and set a specific time on your Outlook calendar to finish these tasks.
7) _____ Throw away all old training materials and binders that are no longer relevant to helping you grow your business.
8) _____ Get rid of everything that does not work. Throw away or destroy old laptops, pens, and any other machines that are out of date or broken.
9) _____ Put together a box of useful items that you sometimes need at the office and never have available. BandAids,® antibiotic ointment, comb/brush, deodorant, lotion, nails, hammer, screw driver, etc. Place them all in one location.
10) _____ Once the clutter has been removed, take the time to deep clean your entire office, dust the furniture, plants, picture frames - wipe out the inside of the drawers, vacuum under your desk, wipe down the baseboards, replace any burned out light bulbs, dust the bottom of your office furniture, Windex® the windows.

The key will be to set a regular time on your Outlook calendar to spend one hour per week staying organizing and keeping your work space clean.

Unfinished Tasks

Task	Action
1.	
2.	
3.	
4.	
5.	
6.	
7.	
8.	
9.	
10.	
11.	
12.	
13.	
14.	
15.	
16.	
17.	
18.	
19.	
20.	
21.	
22.	
23.	
24.	
25.	
26.	
27.	
28.	
29.	

Grocery List

✓ Groceries

PHARMACY, PAPER PRODUCTS, CANNED FRUIT, BREAD, DELI, JUICE, SOFT DRINKS, RICE AND PASTA, FROZEN FOODS, MEAT, SNACK FOODS, CANNED VEGETABLES, HARDWARE, DAIRY, VEGETABLES, CHILD DEPT., SOUP, FRUITS, CLEANING, BAKING GOODS, MISCELLANEOUS, CANDY, CONDIMENTS, PET SUPPLIES, TRASH BAGS/STORAGE

Birthday Calendar

January	February	March
April	May	June
July	August	September
October	November	December

The  Minute Life:

Are you "7 Minutes" away from your next breakthrough?

It's time to start a new revolution… a "7 Minute" revolution.

Allyson Lewis believes you can be different tomorrow than you are today. If you believe deep down that you can be happier, smarter, more productive, more organized, and more effective… If you are ready to reignite the passion for your daily work, then you have come to the right place.

This "7 Minute" revolution will help you turn talk into action. It will help you take time management and productivity ideas—and turn them into a systematic, repeatable daily process. Allyson's simple, direct, always positive, and immediately actionable ideas spur people to unlock their purpose, potential, and passion and, as a result, transform their lives at work and at home. In seven minutes, Allyson's life changed forever. In her book, **The Seven Minute Difference**, she shares exactly what happened to her and how it can happen to you.

Allyson Lewis   *Susan Naylor*

Share the Message

Invite our team to work with your corporation or organization. From keynote addresses, to leadership retreats, to executive coaching, we will work with you to customize your message.

You can read more about our speeches, workshop topics, and presentations on our Web site.

For more information regarding our workshops, books, and audio and video content please contact:

Susan Naylor
P.O. Box 17284
Jonesboro, AR 72403
susan@TheSevenMinuteDifference.com
870.897.0845

Learn more about these ideas and share them with your team

Read the Book

The Seven Minute Difference has been an inspiration to thousands. Make this book a part of your business plan for your team.

Individual Copy $20

10 or more..$14

50 or more..$12

100 or more $11

500 or more $10

1000 or more...$9

Plus applicable taxes and shipping

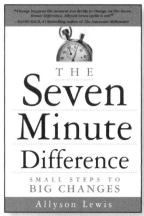

Hear the Message

Based on the information in her latest book, Allyson Lewis shares fresh perspective, concrete tools, and timely ideas to help you and your team focus on how to:

- Re-discover your purpose
- Set your top ten goals for the next ninety days
- Regain control of your time and your day
- Establish momentum for building growth
- Improve your productivity with "micro-actions"
- Learn concrete tools you can implement into your daily routine
- Begin to clear the unfinished tasks from your life

DVD $99

Video Download........... $79

CD.. $49

Audio Download $29

Re-Order

To reorder this Planner, go to our Web site at

www.TheSevenMinuteDifference.com/store

Exercise Progress Report

Check off the days you've worked out or exercised

Minute Life

JANUARY

S	M	T	W	Th	F	S
O	O	O	O	O	O	O
O	O	O	O	O	O	O
O	O	O	O	O	O	O
O	O	O	O	O	O	O
O	O	O	O	O	O	O

FEBRUARY

S	M	T	W	Th	F	S
O	O	O	O	O	O	O
O	O	O	O	O	O	O
O	O	O	O	O	O	O
O	O	O	O	O	O	O
O	O	O	O	O	O	O

MARCH

S	M	T	W	Th	F	S
O	O	O	O	O	O	O
O	O	O	O	O	O	O
O	O	O	O	O	O	O
O	O	O	O	O	O	O
O	O	O	O	O	O	O

APRIL

S	M	T	W	Th	F	S
O	O	O	O	O	O	O
O	O	O	O	O	O	O
O	O	O	O	O	O	O
O	O	O	O	O	O	O
O	O	O	O	O	O	O

MAY

S	M	T	W	Th	F	S
O	O	O	O	O	O	O
O	O	O	O	O	O	O
O	O	O	O	O	O	O
O	O	O	O	O	O	O
O	O	O	O	O	O	O

JUNE

S	M	T	W	Th	F	S
O	O	O	O	O	O	O
O	O	O	O	O	O	O
O	O	O	O	O	O	O
O	O	O	O	O	O	O
O	O	O	O	O	O	O

JULY

S	M	T	W	Th	F	S
O	O	O	O	O	O	O
O	O	O	O	O	O	O
O	O	O	O	O	O	O
O	O	O	O	O	O	O
O	O	O	O	O	O	O

AUGUST

S	M	T	W	Th	F	S
O	O	O	O	O	O	O
O	O	O	O	O	O	O
O	O	O	O	O	O	O
O	O	O	O	O	O	O
O	O	O	O	O	O	O

SEPTEMBER

S	M	T	W	Th	F	S
O	O	O	O	O	O	O
O	O	O	O	O	O	O
O	O	O	O	O	O	O
O	O	O	O	O	O	O
O	O	O	O	O	O	O

OCTOBER

S	M	T	W	Th	F	S
O	O	O	O	O	O	O
O	O	O	O	O	O	O
O	O	O	O	O	O	O
O	O	O	O	O	O	O
O	O	O	O	O	O	O

NOVEMBER

S	M	T	W	Th	F	S
O	O	O	O	O	O	O
O	O	O	O	O	O	O
O	O	O	O	O	O	O
O	O	O	O	O	O	O
O	O	O	O	O	O	O

DECEMBER

S	M	T	W	Th	F	S
O	O	O	O	O	O	O
O	O	O	O	O	O	O
O	O	O	O	O	O	O
O	O	O	O	O	O	O
O	O	O	O	O	O	O

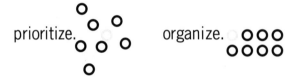

prioritize. organize. simplify.®